HANS JÜRGEN HANSEN

Heil Dir im Siegerkranz

DIE HYMNEN DER DEUTSCHEN

STALLING

© 1978 Verlag Gerhard Stalling AG,
Oldenburg und Hamburg
Satz in der Century Expanded durch
Alfred Utesch, Hamburg
Druck und buchbinderische Verarbeitung
Librex S. p. A., Mailand
Printed in Italy
ISBN 3-7979-1950-6

Die Hymnen der Deutschen

Nationalhymnen sind, nach den Worten eines modernen Lexikons, »Lieder mit oft volkstümlicher Melodie, die als Ausdruck des National- oder Staatsbewußtseins empfunden werden«. Bei politischen Veranstaltungen, Begrüßungen von ins Ausland reisenden Staatsoberhäuptern und Sportmannschaften, anläßlich von Fußballweltmeisterschaften und Olympischen Spielen, sind sie heute am häufigsten zu hören.

Die meisten europäischen Nationalhymnen sind vor Mitte des 19. Jahrhunderts entstanden, und damals gab es noch eine Fülle deutscher Einzelstaaten, allesamt Mitglieder des 1815 gegründeten Deutschen Bundes. Auf dem Gebiete dieser letzten gesamtdeutschen Institution, die 1866 als Folge Bismarckscher Politik aufgelöst wurde, bestehen heute noch fünf souveräne Staaten: zwei Republiken, die Bonner und die Wiener, die Ostberliner Funktionärsbürokratie sowie die beiden Monarchien Luxemburg und Liechtenstein.

Die historischen Gegebenheiten zwingen also dazu, bei einer Betrachtung deutscher Hymnen das gesamte ehemalige Bundesgebiet zu berücksichtigen. Und die deutschsprachigen Nationallieder der Schweiz sind deshalb erwähnenswert, weil sie aus ähnlichen geschichtlichen Situationen und romantischen patriotischen Strömungen heraus entstanden sind wie die von manchen damaligen deutschen Bundesstaaten.

Die ältesten der heute auf der Welt gesungenen offiziellen Nationalhymnen sind das niederländische »Wilhelmus von Nassauen« von 1568 und das britische »God save the King« aus der Zeit um 1740. Wilhelmus van Nassouwe ben ick van duytschen bloet« war der volkstümliche Hit der Geusen im Befreiungskampf gegen Spanien, in dem die Niederländer ihren Anführer Wilhelm von Oranien verherrlichten: Kriegslied, patriotischer Gesang und Hymne auf den Herrscher zugleich. »God save the King« dagegen, im choralhaften Hymnenton des Barock, war und ist vornehmlich ein gesungenes Gebet um Segen für den Fürsten. In den Monarchien haben solche Herrscherhymnen bis in die Gegenwart überdauert, in den deutschen Teilfürstentümern überwogen sie bis zur Revolution von 1918. Die meisten von diesen bestanden aus deutschen Texten auf die Melodie von »God save the King«, als früheste und später als Kaiserhymne am weitesten verbreitete das preußische »Heil Dir im Siegerkranz«.

Doch wie das Geusenlied auf Wilhelm von Oranien stammt ebenfalls das preußische »Heil dir im Siegerkranz, heil König dir!« aus Kriegszeiten. Es erschien zuerst im Dezember 1793 in der Berliner Spenerschen Zeitung nach der Rückkehr Friedrich Wilhelms II. aus dem vorübergehend siegreichen Koalitionskrieg gegen das französische Revolutionsheer. Vielleicht war es als Konkurrenz gedacht zu der damals mit großer Begeisterung von den Revolutionstruppen gesungenen, 1792 in Straßburg entstandenen Marseillaise, einem gegen die Armeen der englisch-preußisch-österreichischen Koalition gerichteten Soldatenlied, der späteren französischen Nationalhymne. Auch die 1797 auf den letzten Kaiser des alten deutschen Reiches gedichtete und von Joseph Haydn vertonte Hymne »Gott erhalte Franz den Kaiser« entsprang der Stimmung jener Jahre. Marie Antoinette, des Kaisers Schwester und Königin von Frankreich, war in Paris vom Revolutionstribunal hingerichtet worden.

Die Jahre der deutschen Erhebung gegen Napoleon zeitigten dann eine Reihe vom Geist der Romantik geprägter nationaler Freiheitslieder sowie einige außerordentlich beliebte Soldatenlieder, Marschlieder, die damals unter den jungen Freiwilligen begeistert gesungen wurden und sich zum Teil bis in die Gegenwart als gesamtdeutsche oder regionale patriotische Evergreens bewährt haben.

Die Kämpfe um Schleswig machten im Revolutionsjahr 1848 das »Schleswig-Holstein meerumschlungen, deutscher Sitte hohe Wacht« in ganz Deutschland zum Politschlager der Saison. Es entsprach großdeutschem romantisch-demokratischem Geist wie das 1841 auf der damals britischen Felseninsel Helgoland gedichtete Deutschlandlied des die deutsche Einheit herbeisehnenden erfolgreichen Liederdichters Heinrich Hoffmann von Fallersleben, der seiner nicht eben fürstenfreundlichen, von der preußischen Zensur verbotenen politischen Lieder wegen seine Germanistik-Professur in Breslau verlor.

Die 1840 gedichtete »Wacht am Rhein« war dann der Schlachtgesang, der im deutsch-französischen Krieg die Nation berauschte und, da das 1871 gegründete Bismarck-Reich keine eigene amtliche Hymne hatte, bis 1918 eine Art inoffizieller kleindeutscher Nationalhymne blieb. Daneben war das preußische »Heil dir im Siegerkranz«, variiert auf »Heil Kaiser (statt König) Dir!«, ebenso inoffiziell, die repräsentative Hymne bei patriotischen Festen wie Reichsgründungsfeiern, Sedantagen und Kaisers Geburtstag.

Fast alle deutschen Teilstaaten besaßen im 19. Jahrhundert ihre mehr oder minder amtliche National- oder, wie man damals sagte, Volkshymne, von Bayern und Württemberg bis Schwarzburg-Sondershausen und Reuß jüngere Linie. Und wo man keinen Text hatte, spielten die Festkapellen zur Begrüßung des Landesfürsten jedenfalls die Musik von »God-save-the-King-Heil-Dir-im-Siegerkranz«. So auch in Lippe-Detmold, auf das sonst nur die ungemein volkstümliche Persiflage von der »wunderschönen Stadt« mit ihrem einzigen Soldaten gesungen wurde, und Sachsen-Coburg-Gotha, über das 1901 der Gymnasialprofessor Boehm klagte: »In diesem Herzogtum gibt es weder eine Volkshymne noch ein patriotisches Volkslied, sondern nur einige Bierwitzeleien über die finanzielle Unterstützung oder Abhängigkeit des Fürstenhauses von England. Das ist sehr traurig.«

Erst 1922 wurde auf Veranlassung des ersten deutschen Reichspräsidenten Friedrich Ebert das seit der Revolution von 1848 im Volke beliebte »Deutschland über alles« mit der Melodie des Haydnschen Kaiserliedes zur offiziellen Nationalhymne des Deutschen Reiches. In der Nazizeit hat man ihr das 1927 von dem SA-Führer Horst Wessel gedichtete »Die Fahne hoch!« beigesellt. Heimat- und Blut-und-Boden-Mentalität, Volks-, Reichs- und Kriegsverherrlichung der Hitlerjahre brachten dann sowohl eine von Staats- und Partei wegen nachdrücklich geförderte Belebung allen historischen nationalen »Liedgutes«, besonders des für den Gleichschritt der uniformierten Massen geeigneten, zu denen aber auch eine Reihe bisher kaum bekannter oder sogar erst damals entstandener Marschlieder gehörte. Manche von ihnen wie »Märkische Heide«, das Schlesienlied »Kehr ich einst zur Heimat wieder« oder das Niedersachsenlied von 1927 sind seitdem als regelrechte deutsche Stammeslieder betrachtet worden.

Das durch die Verbindung mit dem Horst-Wessel-Lied arg kompromittierte und in den Worten »über alles« als imperialistisch-anmaßend mißinterpretierte Deutschlandlied des einst politisch verfolgten Demokraten Hoffmann von Fallersleben wurde dann erst 1952 und nur mit seiner dritten Strophe »Einigkeit und Recht und Freiheit« zur Staatshymne der westdeutschen Bundesrepublik. In Ostdeutschland dichtete der Kulturminister Johannes R. Becher die Hymne der Deutschen Demokratischen Republik: »Auferstanden aus Ruinen«, die von Hanns Eisler vertont wurde. Im nach 1945 wieder selbständigen Österreich führte man das nach einer Mozartmelodie gesungene Lied »Land der Berge, Land der Ströme« von Paula Preradović ein. Von allen gegenwärtig existierenden souveränen deutschen Staaten aber wahrt lediglich die Monarchie Liechtenstein die Tradition der God-save-the-King-Nachfolge des 19. Jahrhunderts.

All diese Nationalhymnen und patriotischen Volkslieder, ob sie nun das gemeinsame Deutschland betreffen oder seine einzelnen Landschaften und Teilstaaten, sind nur selten von berühmten Dichtern und Komponisten, häufiger von biederen Musikanten und naiven Heimatpoeten geschaffen worden. Zusammengenommen spiegeln diese Gesänge die Wandlungen von zweihundert Jahren deutscher dynastischer und politischer Geschichte, deutscher Kultur, deutschen Geistes- und deutschen Gemütslebens.

Vorbild: God save the King

Die englische Nationalhymne erschien nachweislich zuerst gedruckt im Oktober 1745 in London, nachdem sie seit Ende September wiederholt in den Londoner Theatern Drury Lane und Covent Garden öffentlich gesungen worden war. Ihr Text lautete:

God save great George, our King,
Long live our noble King,
God save the King!
Send him victorious,
Happy and glorious,
Long to reign over us:
God save the King!

O Lord, our God, arise,
Scatter his enemies
And make them fall!
Confound their politics,
Frustrate their knavish tricks,
On him our hopes we fix:
O save us all!

Thy choicest gifts in store,
On George be pleas'd to pour,
Long may he reign!
May he defend our laws,
And ever give us cause,
To say with heart and voice:
God save the King!

Das dreistimmige musikalische Arrangement in Drury Lane stammte von dem Komponisten T. A. Arne, das im Covent Garden von seinem Schüler Charles Burney. Wer der Urheber der vermutlich älteren Grundmelodie und des Textes des ersten datierten Druckes von 1745 mit der Anfangszeile »God save great George, our King« ist, hat sich bisher nicht ermitteln lassen. Einiges spricht dafür, daß die Hymne schon im 17. Jahrhundert als Lied auf die Stuart-Könige bestanden hat. Offenbar aus aktuellem Anlaß jedenfalls, nämlich dem des schottischen Aufstandes der Stuart-Partei gegen den regierenden englischen König Georg II., der zugleich deutscher Kurfürst von Hannover war, wurde 1745 als Segensgebet auf diesen der seitdem mit geringen Abweichungen bis heute der britischen Nationalhymne zugrundeliegende Text öffentlich

gesungen und gedruckt. Gegenwärtig, seit dem Regierungsantritt Elisabeths II. im Jahre 1952, heißt die Anfangszeile wieder, wie zur Zeit der Königin Viktoria von 1837 bis 1901, »God save the Queen«.

1796 hat der Sohn des 1743 verstorbenen Londoner Komponisten Henry Carey (offenbar, um dadurch in den Genuß einer staatlichen Pension zu gelangen, die ihm jedoch nicht gewährt wurde) behauptet, sein Vater habe Text und Melodie der britischen Königshymne »God save the King« geschaffen. Diese unbegründete Behauptung hat dazu geführt, daß in den meisten gedruckten Ausgaben des Liedes Henry Carey fälschlich als dessen Verfasser und Komponist genannt wird. Auch ein Ursprung der Melodie in Frankreich, von wo aus Händel sie nach London gebracht haben soll, ist unbewiesen.

Das angebliche Carey-Lied für den Hannoveraner auf dem englischen Thron fand dann sowohl mit seiner Melodie wie als Textmuster einer Herrscherhymne außerordentliche Resonanz. Allein Beethoven hat die Melodie in drei seiner Kompositionen verwendet, später auch unter anderen Carl Maria von Weber. Und schon 1782 hat sie der Kieler Student August Niemann in dem von ihm herausgegebenen Akademischen Liederbuch für seine auf den deutschen Kaiser Leopold II. gedichtete Hymne »Heil, Kaiser Joseph, Heil!« benutzt. Niemann war 1761 als Sohn eines Rechtsanwalts in Altona geboren und veröffentlichte im gleichen Akademischen Liederbuch sein 1781 entstandenes studentisches Weihelied »Alles schweige, jeder neige ernsten Tönen nun sein Ohr« nach der Weise eines 1770 zuerst gedruckten Liedes auf den Landgrafen von Hessen-Kassel mit den Anfangszeilen

»Landesvater,
Schutz und Rater,
Es lebe mein Landgraf Philipp hoch!«

Danach hieß auch Niemanns »Alles schweige«, eine der frühesten patriotischen deutschen Hymnen, in dessen fünfter Strophe nach Belieben der Name des jeweiligen Herrschers einzusetzen war, allgemein der »Landesvater«.

In dem Akademischen Liederbuch von 1782 nun, das sowohl Niemanns »Alles schweige« mit der Landesvater-Melodie wie sein »Heil, Kaiser Joseph Heil!« mit der Melodie der britischen Königshymne enthält, wird deren

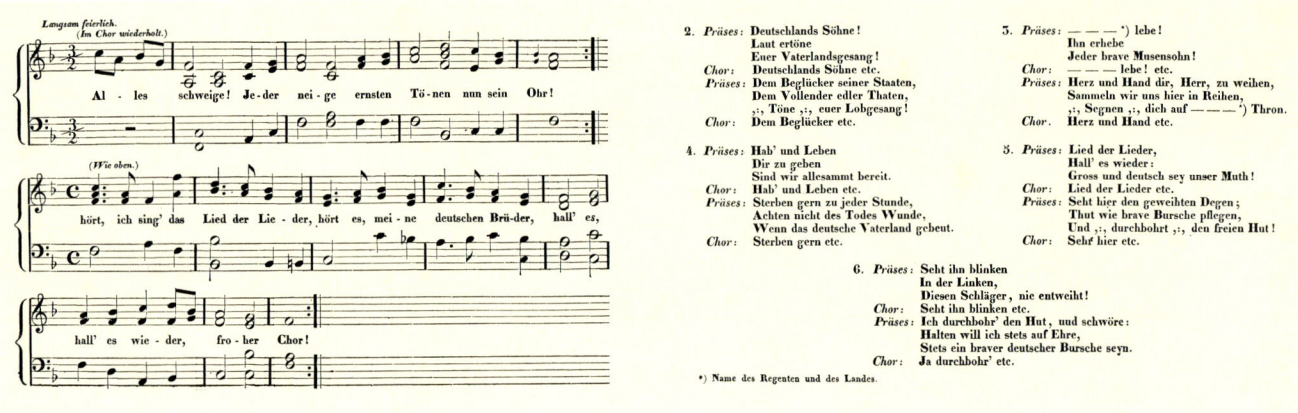

Anfangszeile »*God save great George the King*« nach dem ersten datierten Londoner Druck von 1745 zitiert. Die gleiche Zeile erscheint ebenfalls wörtlich in der Überschrift zu den Versen, die der als Sohn eines aus Hannover stammenden Zuckerfabrikanten 1762 in Flensburg geborene Kandidat der Theologie und spätere Pastor Heinrich Harries am 27. Januar 1790 in dem von ihm herausgegebenen »Flensburger Wochenblatt« veröffentlichte: »Lied für den dänischen Unterthan, an seines Königs Geburtstag zu singen, in der Melodie des englischen Volksliedes: *God save great George the King*«.

Es handelt sich um ein Lied auf den damals bereits regierungsunfähigen schwachsinnigen König Christian VII. von Dänemark und Norwegen, Herzog von Schleswig und Holstein. Die dänische Gesamtmonarchie reichte damals vom Nordkap bis vor die Tore Hamburgs, ein großer Teil ihrer Bevölkerung war deutschsprachig: So erklärt sich die deutsche Hymne eines deutschen Untertan an seinen (wie Georg II. von England aus deutschem Fürstenhause stammenden) dänischen König. Der Text lautet:

Heil dir, dem liebenden
Herrscher des Vaterlands!
Heil, Christian, dir!
Fühl' in des Thrones Glanz
Die hohe Wonne ganz,
Vater des Volks zu sein!
Heil, Christian, dir!

Nicht Ross' und Reisige
Sichern die steile Höh',
Wo Fürsten stehn.
Liebe des Unterthans,
Liebe des freien Manns
Gründen den Herrscherthron
Wie Fels im Meer.

Heilige Flamme, glüh',
Glüh' und erlösche nie
Fürs Vaterland!
Wir alle stehen dann
Mutig für einen Mann,
Kämpfen und bluten gern
Für Thron und Land!

Sei noch, o Christian, hier
Lange des Thrones Zier,
Des Landes Stolz!
Eifer und Männerthat
Finde sein Lorbeerblatt
Treu aufgehoben dort
An deinem Thron!

Tugend und Wissenschaft
Hebe mit Mut und Kraft
Ihr Haupt empor!
Jede geweihte Kunst
Reife durch deine Gunst,
Jedes Verdienst erwarm'
An deiner Brust!

Ha, wie so stolz und frei
Schüttelt der nord'sche Leu
Sein Mähnenhaar!
Wirft über Land und Meer
Flammenden Blick umher,
Ob einer lüstern sei
Sich ihm zu nahn!

Dauernder stets zu blühn,
Weh' unsre Flagge kühn
Auf jedem Meer!
Alles, was ehrenvoll
Leitet zu Bürgerwohl,
Umfasse Dania
In ihrem Schoß!

Heil dir, dem liebenden
Herrscher des Vaterlands!
Heil, Christian, dir!
Fühl' in des Thrones Glanz
Die hohe Wonne ganz,
Vater des Volks zu sein!
Heil, Christian, dir!

Es ist sehr wahrscheinlich, daß Harries das Akademische Liederbuch seines gleichaltrigen schleswig-holsteinischen Landsmannes Niemann und dessen Verse auf Kaiser Joseph gekannt hat. Ein gemeinsamer Landsmann von ihnen beiden jedenfalls, der 1755 in Kiel geborene Dr. Balthasar Gerhard Schumacher, kannte die Verse von Harries. Kaum verändert, auf König Friedrich Wilhelm II. von Preußen bezogen und um drei Strophen

Rechte Seite: »Heil dir im Siegerkranz« und »Gott erhalte Franz, den Kaiser«, aus einer Serie von Liebig-Sammelbildern vom Ende des 19. Jahrhunderts.

»Schwarz, Rot und Gold, das sind die Farben«, kolorierte zeitgenössische Lithographie vom Einzug des Reichsverwesers Erzherzog Johann in Frankfurt am Main im Revolutionsjahr 1848.

gekürzt, veröffentlichte er sie am 17. Dezember 1793 in der Berliner »Spenerschen Zeitung« mit der Überschrift »Berliner Volksgesang. God save the King«.

In dieser Form wurde die Hymne zum ersten Mal am 25. Mai 1795, dem Geburtstag Friedrich Wilhelms, öffentlich im Berliner Nationaltheater gesungen. Der bei Harries nicht vorkommende »Siegerkranz« bezieht sich zweifellos auf den zur Zeit der Veröffentlichung des Liedes gerade für Preußen vorteilhaft verlaufenden Krieg der Koalitionsarmeen gegen das französische Revolutionsheer, aus dem der König soeben nach Berlin zurückgekehrt war. Die Hymne mag somit auch als ein gewisser royalistischer Widerpart zu dem im Vorjahr geschaffenen revolutionären Kriegslied der gegen die preußischen Truppen kämpfenden französischen Rheinarmee gegolten haben, der von dem Gardeleutnant Claude Rouget de l'Isle in Straßburg verfaßten *Marseillaise.*

August Niemann, der mittlerweile als Professor in Kiel wirkte, veröffentlichte dann 1796 mit der Melodie der englischen Königshymne das großdeutsche studentische Bundeslied *»Auf Deutschlands Wohl«,* das jahrzehntelang in der deutschen akademischen Jugend, vor allem als Lied der Burschenschaft, sehr verbreitet war und eine der wenigen nichtdynastischen deutschsprachigen Versionen

der Hymne blieb. Die seinerzeit am meisten gesungenen drei Strophen lauten:

Heil unserm Bunde, Heil!
Dem deutschen Bunde Heil!
Heil Deutschland, Heil!
Wem Hermanns Lobgesang
Zum deutschen Herzen drang,
Stimm' ein zum Hochgesang:
Heil Deutschland, Heil!

O deck' mit Vaterhand,
Gott, unser deutsches Land,
Sei unser Schild!
Für seines Volkes Zier,
Für Deutschland bitten wir:
Erhalt' uns für und für
Treu, brav und mild!

O bleibt echt deutsch und gut:
Ihr stammt aus Hermanns Blut;
Bleibt ihm verwandt!
Für seine Freiheit ficht
Der deutsche Mann vergnügt
In jedem Kampf und siegt
Fürs Vaterland!

Danklied an unfern beften Fürften.

Langfam.

Auf! trock=ne froh den Schweiß! Em=pfang für dei=nen Fleiß den schön=ften Preis!

Wohl dir, o bra=ver Sohn! Dir winkt vom Va=ter=thron der be=fte Fürft zum Lohn. O Ju=bel=ton!!

2.
Nur Tugend, Weisheitfinn,
Und Fleiß entzücken Ihn
Gleich Harmonien.
Laßt uns denn edel feyn,
Den Geift der Weisheit weih'n,
Der Tugend Blumen ftreu'n,
Ihn zu erfreu'n!!

3.
Er regt mit neuem Muth
Des Jünglings feurig Blut;
Und keiner ruht.
Wenn uns die Palme fchmückt,
Und Er uns Huld zunickt;
Dann rufen wir entzückt:
Max herrfch' beglückt!!

4.
Heil! Landesvater Dir!
In unfrer Mitte hier!
Dir jubeln wir:
O Vater! lebe lang!!
Dieß tönt der Cimbaln Klang;
Dieß ruff't der Hochgefang:
Max lebe lang!!

Danklied auf Kurfürst Max Joseph von Bayern aus dem Jahre 1805.

Ein Kuriosum ist das schülerhaft-naive »*Danklied an unseren besten Fürsten*«, von dem sich ein gedrucktes Exemplar mit der God-save-the-King-Melodie in der Bayerischen Staatsbibliothek befindet. Es ist anscheinend eine Art Preislied auf den Kronprinzen und späteren König Ludwig I. von Bayern für eine erfolgreich bestandene Prüfung, möglicherweise nach seinem Abgang von der Universität Landshut um 1805. Zugleich ist sie ein Lobgesang auf den Vater Max Joseph, der noch als Fürst apostrophiert ist und noch nicht als König, der er erst 1806 als Maximilian I. von Napoleons Gnaden wurde. »*Auf! trockne froh den Schweiß! Empfang für deinen Fleiß den schönsten Preis!*« beginnt sie und endet mit der Strophe:

Als jedenfalls Kurfürst Max 1806 König geworden war, sang man offiziell in Bayern nach der englischen Königsweise auf ihn: »*Heil unserm König heil!*«

Auf Napoleons Niederlage in der Leipziger Völkerschlacht 1813 dichtete ein heute unbekannter Verfasser nach der angeblichen Carey-Melodie das Lied »*Wenn uns die Meeresflut umspült*«, eins der Zeugnisse für die wachsende Volkstümlichkeit der Musik.

Auch das preußische »*Heil dir im Siegerkranz*« erfuhr weiteste Verbreitung erst jetzt in den Befreiungskriegen. In Schlesien, wo sich unter Blücher die preußischen Truppen sammelten, wurde sie unter den Freiwilligen eines der populärsten Lieder. Und ihre große Beliebtheit in den Kriegsjahren 1813–1815 hat dann sowohl dazu geführt,

daß sie schließlich offiziell als preußische Staatshymne anerkannt und verwendet wurde, aber auch, daß nach ihrem Vorbild in zahlreichen anderen deutschen Bundesstaaten ähnliche Fürstenhymnen entstanden.

So dichtete 1815 Siegfried August Mahlmann, der Herausgeber der Leipziger »Zeitung für die elegante Welt« die Hymne »*Gott segne Sachsenland*«, die zuerst 1815 in

1. Gott segne Sachsenland,
   Wo fest die Treue stand
   In Sturm und Nacht.
   :,: Ew'ge Gerechtigkeit,
   Hoch über'm Meer der Zeit,
   Die jedem Sturm gebeut,
   Schütz' uns mit Macht! :,:

2. Blühe, du Rautenkranz
   In schöner Tage Glanz
   Freudig empor!
   :,: Heil, frommer Vater, Dir!
   Heil, gute Mutter, Dir!
   Euch, Theure, segnen wir
   Liebend im Chor! :,:

3. Was treue Herzen flehn,
   Steigt zu des Himmels Höhn
   Aus Nacht zum Licht.
   :,: Der uns're Liebe sah,
   Der uns're Thränen sah,
   Er ist uns hülfreich nah,
   Verlässt uns nicht! :,:

4. Gott segne Sachsenland,
   Wo fest die Treue stand
   In Sturm und Nacht!
   :,: Ew'ge Gerechtigkeit,
   Hoch über'm Meer der Zeit,
   Die jedem Sturm gebeut,
   Schütz' uns mit Macht! :,:

Anwesenheit des sächsischen Königs Friedrich August I. in Leipzig gesungen wurde, und im gleichen Jahr verfaßte der Schweriner Hofschauspieler Christlieb Georg Heinrich Arresto die mecklenburg-schwerinische Hymne.

Gott segne Friedrich Franz,
Und seiner Krone Glanz
Trübe sich nie!
Friede und Heiterkeit
Bleibe stets sein Geleit
Bis in die fernste Zeit,
Fliehe ihn nie!

Über sein Fürstenhaus
Schütte dein Füllhorn aus,
Freundlicher Gott!
Für seines Hauses Glück
Schärfe den Vaterblick,
Und jedes Mißgeschick
Scheuch' dein Gebot!

2. Da wo der Alpenkreis
Nicht dich zu schützen weiss,
Wall dir von Gott,
Stehn wir den Felsen gleich,
Nie vor Gefahren bleich,
Froh noch im Todesstreich,
Schmerz ihnen Spott.

3. Nährst uns so mild und treu,
Hegst uns so stark und frei,
Du Hochlands Brust!
Sei denn im Feld der Noth,
Wenn dir Verderben droht,
Blut uns ein Morgenroth
Tagwerks der Lust.

4. Sanft wie der Alpensee,
Sturmlos am Gletscherschnee
Webt unser Muth.:
Graus tobt der See, geschreckt,
Wenn ihn Gewitter deckt,
So wir zum Kampf erweckt,
Wuth wider Wuth.

5. Und wie Lawinenlast
Vorstürzt mit Blitzeshast -
Grab allumher -
Wirf in den Alpenpfad,
Wenn der Zerstörer naht,
Rings sich Kartätschensaat
Todtragend schwer.

6. Frei und auf ewig frei!
Ruf' unser Feldgeschrei!
Hall' unser Herz!
Frei lebt, wer sterben kann,
Frei, wer die Heldenbahn
Steigt als ein Tell hinan,
Nie hinterwärts.

7. Doch wo der Friede lacht
Nach der empörten Schlacht
Drangvollem Spiel;
O, da viel schöner traun,
Fern von der Waffen Graun
Heimath, dein Glük zu baun,
Winkt uns das Ziel!

Sei eine feste Burg
Dem teuren Mecklenburg
Künftig wie jetzt!
Schütz' unser Vaterland,
Der Eintracht schönes Band
Bleib' zwischen Thron und Land
Stets unverletzt!

Als 1837 ein Großherzog mit anderem Namen auf den Thron kam, hieß es:

Heil dir, Paul Friederich,
Jubelnd begrüßen dich
Mecklenburgs Gaun
Um deiner Krone Glanz
Flechten der Liebe Kranz
Söhne des Vaterlands,
Die dir vertraun.

Paul Friedrich starb schon fünf Jahre später; er und seine Nachfolger hießen wieder Friedrich Franz. So konnten die Schweriner bald zum alten Text zurückkehren.

Auch der Text des 1811 von dem Professor Rudolf Wyß gedichteten Schweizer Nationalliedes »Rufst du mein Vaterland« wird – bis heute – nach der Vertonung von »God save the King« gesungen. Und spätestens 1840 hat ein unbekannter Verfasser zu dieser Melodie die folgenden Verse der bis 1918 in Württemberg und Baden üblichen Hymne geschaffen. Bis auf die erste Zeile, wo es in

Baden »Fürsten« statt »König« heißt, sind ihre Texte identisch:

Heil unserm König, Heil!
Heil unserm Fürsten, Heil!
Dem Edlen Heil!
Herr Gott, dich loben wir,
Herr Gott, wir flehn zu dir:
O segn' ihn für und für!
Dem Fürsten Heil!

Herr, Herr, wir schaun empor
Zu dir; der Treuen Chor
Fleht Segen ihm.
Verleih ihm Glück und Ehr',
Sei du ihm Schirm und Wehr!
Wer liebt sein Volk wie er?
Dem Edlen Heil!

Laß deine milde Hand
Auf unserm Vaterland
Und Fürsten ruhn!
Er sei gerecht wie du,
Erhalt' uns Fried' und Ruh'!
Froh jauchzt sein Volk ihm zu:
Dem Guten Heil!

Sein Volk mit Herz und Mund
Verehr' im Bruderbund
Als Vater ihn!

Christian VIII
König v. Dänemark.

Georg
Großherzog v. Mecklenburg-Strelitz.

Ludwig
König v. Bayern.

Herr, laß durch sein Bemühn
Der Völker Segen blühn,
Erhalt' und schütze ihn!
Dem König Heil!

Auch im Großherzogtum Hessen-Darmstadt, wo man vorher bei repräsentativen Anlässen offenbar lediglich die Musik der englischen Hymne gespielt hatte, gab es dazu seit etwa 1850 einen Text mit der gleichen Anfangszeile. Die erste Strophe lautete:

Heil unserm Fürsten, Heil!
Hassias Fürsten Heil!
Heil Ludwig, Heil!
Edlen Stamms edler Zweig,
Treu, mild, den Vätern gleich,
Schirm' ihn Gott gnadenreich!
Heil Ludwig, Heil!

Gott, gnädig immerdar
Schütz' unser Fürstenpaar
Mit starker Hand!
Vater, du gabst uns sie,
Vater, du segne sie,
Vater, erhalte sie
Dem Vaterland!

Geuß deinen Segen aus
Auf unser Fürstenhaus,
Auf Hessens Thron!
Gott, Ehre, Vaterland,
Dreifach geheiligt Band,
Umschlinge jeden Stand
An Hessens Thron!

Seit 1881 aber galt in Hessen-Darmstadt offiziell der Text der preußischen Hymne »Heil dir im Siegerkranz«. Nur statt »König« hieß es »Fürst« und statt »Wilhelm« sang man »Ludwig«.

1850 schließlich dichtete der Kaplan H. H. Jauch die fünf Strophen der Liechtensteinischen Landeshymne »Oben am deutschen Rhein«, die als einzige amtliche Hymne eines deutschen Staates, mit nach dem Zweiten Weltkrieg

mf

1. O- ben am deutschen Rhein lehnet sich Liechtenstein
2. Wo einst St. Lu- zi- en Frieden nach Rä-ti- en
3. Lieblich zur Sommerzeit auf ho- her Alpenweid
4. Von grünen Felsen-höh'n freundlich ist es zu seh'n
5. Hoch lebe Liechtenstein, blühend am deutschen Rhein,

1. an Alpen Höh'n. Dies liebe Heimatland im deutschen
2. hinein gebracht. Dort an dem Grenzenstein und längs dem
3. schwebt Himmelsruh, wo frei die Gemse springt, kühn sich der
4. mit einem Blick, wie des Rheins Silberband säumet das
5. glücklich und treu. Hoch leb der Fürst vom Land, hoch unser

1. Vaterland hat Gottes weise Hand für uns er-seh'n.
2. jungen Rhein steht furchtlos Liechtenstein auf Deutschlands Wacht.
3. Adler schwingt der Senn das Ave singt der Heimat zu.
4. schöne Land, ein kleines Vaterland voll stillem Glück.
5. Vaterland, durch Bruderliebe Band vereint und frei.

Ernst August
König v. Hannover.

Wilhelm
Herzog v. Braunschweig.

Friedrich August
König v. Sachsen.

abgewandeltem und auf zwei Strophen gekürztem Text, noch heute nach der Weise von »God save the King« gesungen wird. In den anderen deutschen Ländern ist diese Melodie seit 1918 offiziell verstummt, nachdem die preußische Version mit der Auswechslung des Wortes »Kaiser« für »König« das wilhelminische Reich und die mit diesem zu Ende gehende Epoche als Nationallied repräsentiert hatte.

Nun hat es außer den nach der Melodie von »God save the King« gesungenen Liedern noch eine Reihe anderer Landeshymnen zum Preise deutscher Fürsten gegeben, als berühmteste das auf Franz II., das letzte Oberhaupt des alten Reiches, gemünzte »Gott erhalte Franz den Kaiser«. Der von dem 1749 in Wien geborenen einstigen Jesuitenpater und späteren Universitätsprofessor Leopold Lorenz Haschka verfaßte Text entspricht in Sinn und Inhalt ebenfalls weitgehend dem englischen Muster. Joseph Haydn, der das Lied im Januar 1797 nach seinem letzten Englandaufenthalt komponierte, ist hierzu durch die in London viel gehörte Königshymne angeregt worden. Daheim schlug er die Schaffung eines entsprechenden Gesanges auf den Kaiser vor, und das Ministerium in Wien beauftragte daraufhin Haschka mit der Abfassung eines Textes. Am 12. Februar 1797 wurde die Hymne, wie der Erstdruck mit dem vierstimmigen Musiksatz Haydns vermerkt, zum ersten Mal gesungen. Haydn selbst hat diese Melodie, die er dann auch zum Thema seines C-Dur-Streichquartetts machte, besonders geliebt. Mit Haschkas Versen blieb sie österreichische Nationalhymne bis 1918, 1929 erhielt sie den von Otto Kernstock verfaßten Text »Sei gesegnet ohne Ende«. In den Jahren dazwischen war das von dem späteren Bundespräsidenten Dr. Karl Renner verfaßte »Deutsch-Österreich, du herrliches

Land, wir lieben dich« mit der Musik von Wilhelm Kienzl Staatshymne der Republik Österreich.

Heinrich Hoffmann von Fallersleben benutzte die Haydnsche Vertonung 1841 für sein »Lied der Deutschen«, in dessen Erstdruck sie mit Satz für Gitarre wiedergegeben ist. Außer dem Deutschlandlied ist dann die Melodie nur noch der 1860 zuerst publizierten »Reußenhymne« des Greizer Kantors Julius Dietel, der Landeshymne des Fürstentums Reuß ältere Linie, unterlegt worden. Auch ihr Text ist, wie der der englischen und der österreichischen Hymne, ein Gebet für das Wohlergehen des Herrschers:

> Gott, erhalt' in deiner Gnaden
> Unsern Fürsten, deinen Knecht;
> Wahre ihn vor allem Schaden,
> Schmücke ihn mit Licht und Recht;
> Geh mit ihm auf seinen Pfaden,
> Bis die letzte Stunde schlägt:
> Gott, erhalt' in deiner Gnaden
> Unsern Fürsten, deinen Knecht!
>
> Spende ihm Glück, Heil und Frieden,
> Freude alle Tag' und Stund';
> Lieb' und Treu' sei ihm beschieden
> In des Fürstenhauses Rund',
> Und sein ganzes Volk hienieden
> Segne ihn mit Herz und Mund
> Gott, erhalt' in deiner Gnaden
> Unsern Fürsten, deinen Knecht!

Gott, erhalte den Kaiser!

1.

Gott! erhalte Franz den Kaiser,
　　Unsern guten Kaiser Franz!
Lange lebe Franz der Kaiser
　　In des Glückes hellstem Glanz!
Ihm erblühen Lorber=Reiser,
　　Wo Er geht, zum Ehren=Kranz!
Gott! erhalte Franz den Kaiser,
　　Unsern guten Kaiser Franz!

2.

Laß von Seiner Fahnen Spitzen
　　Strahlen Sieg und Furchtbarkeit!
Laß in Seinem Rathe sitzen
　　Weisheit, Klugheit, Redlichkeit;
Und mit Seiner Hoheit Blitzen
　　Schalten nur Gerechtigkeit!
Gott! erhalte Franz den Kaiser,
　　Unsern guten Kaiser Franz!

3.

Ströme deiner Gaben Fülle
　　über Ihn, Sein Haus und Reich!
Brich der Bosheit Macht; enthülle
　　Jeden Schelm= und Buben=Streich!
Dein Gesetz sey stets Sein Wille;
　　Dieser uns Gesetzen gleich!
Gott! erhalte Franz den Kaiser,
　　Unsern guten Kaiser Franz!

4.

Froh erleb' Er Seiner Lande,
　　Seiner Völker höchsten Flor!
Seh' sie, Eins durch Bruder=Bande,
　　Ragen allen Andern vor;
Und vernehme noch am Rande
　　Später Gruft der Enkel Chor:
Gott! erhalte Franz den Kaiser,
　　Unsern guten Kaiser Franz!

16

Erstdruck, Lithographie aus dem Jahre 1851.
Links: Erstdruck der deutschen Kaiserhymne aus dem Jahre 1797.

Im Bückeburgischen hat es neben einer fast wörtlich dem württembergischen »Heil Unserm Fürsten, Heil!« entsprechenden Hymne ein von dem 1814 geborenen Stadthäger Kantor Franz Fuchs gedichtetes und komponiertes »Weihelied« gegeben. Es wurde 1851 »Seiner Durchlaucht, dem gnädigst regierenden Fürsten zu Schaumburg-Lippe gewidmet und gesungen vom Bürgersingverein zu Stadthagen« und begann: »Hurrah, es schwellt ein frisches Blut!«

Mecklenburg-Strelitz hat nur die folgende »Hofhymne« besessen:

> Wie heißt der Gau im deutschen Land,
> Gesegnet reich von Gottes Hand,
> Der in der goldnen Ähren Pracht
> Dem Wanderer entgegenlacht?
> Des Beltes Wogen liegt er nah,
> Er wird genannt Vandalia.

> Da grünt der deutschen Eiche Reis,
> Der echten Bürgertugend Preis,
> Da hält man Recht und Sitte wert,

Da wird des Landmanns Fleiß geehrt,
Da wohnt noch alte deutsche Treu',
Da spricht man Wahrheit ohne Scheu.

Wo ist das biedre Volk voll Kraft,
Das still und emsig wirkt und schafft,
Das nie geduldet fremde Schmach,
Das kühn die fremden Ketten brach?
Mit Ehren ward es stets genannt,
Das Volk im Mecklenburger Land.

Wie heißt der Fürst gerecht und mild,
Der Schirm des Rechts, der Freiheit Schild,
Den jede Herrschertugend schmückt,
Der gern sein treues Volk beglückt?
Hoch Friedrich Wilhelm! jubelt laut
Sein Volk, das freudig ihm vertraut.

Drum Heil dem edlen deutschen Mann,
Der Segen stiftet, wo er kann!
Ihm zeige jeder Tag aufs neu'
Des Volkes Lieb', des Volkes Treu'!
Gott, Herr der Welt, bleib' schützend nah
Dem Herzog und Vandalia!

Verfaßt hat sie der ehemalige Apotheker J. Chr. Bahrdt und in Musik gesetzt der Justizrat Karl von Oertzen. Der Neustrelitzer Hofopernsänger Gubitz hat sie zum ersten Mal dem Großherzog Georg am 12. August 1836 zum Geburtstag vorgesungen und ihn damit, wie überliefert ist, zu Tränen gerührt.

»Heil Dir, o Oldenburg!« schließlich, die Landeshymne des nordwestdeutschen Großherzogtums, ist kein Lobgesang auf den Fürsten, sondern auf das Land selbst und seine »Farben« gedichtet 1844 von dem 1798 in Glückstadt geborenen Landgerichtsassessor und Schriftsteller Theodor von Kobbe auf eine Melodie, welche die im Januar mit sechsunddreißig Jahren verstorbene Großherzogin Cäcilie, Prinzessin von Schweden, komponiert hatte. Zwar war schon einige Monate vorher zu dieser Melodie der Text eines Kaplans Seeling im Druck erschienen, der jedoch wenig bekannt wurde. Nach dem Muster der üblichen Fürstenhymnen begann er: »Heil unserm Großherzog, dem Landesvater!« Kobbes Lied dagegen ist ein typisches Beispiel der seither entstehenden, stolz und treuherzig die Vorzüge des Landes oder einer bestimmten Stammeslandschaft preisenden Gesänge, die, lyrisch-romantisch und meist nicht frei von Sentimentalität, bisweilen aber auch forsch im frischen Marschtakt, die Vorzüge der Heimat preisen. Allerdings hat man auch den Versen Kobbes, der die Geburt seines Oldenburgliedes nur wenige Monate überlebte, später durchaus noch Lobreime auf den Landesvater hinzugefügt. Ein Auktionator Wilhelm Geiler bekam dafür als Gewinner eines Wettbewerbs fünf-undzwanzig Goldmark in die Hand gedrückt. Im September 1872 wurde sein Werk in Westerstede bei einem Volksfest zuerst gesungen. Es schloß:

Heil, deinem Fürsten, Heil!
Er half bei Zeiten,
Das herrlich große Werk,
Das Deutsche Reich bereiten,
Als er zum blut'gen Strauß
Mit Preußen sich verband.
Hoch unser Fürstenhaus!
Hoch Vaterland!

»Nach dem Gesang«, heißt es in einem Bericht, »hoben junge Leute den preisgekrönten Dichter auf die Schultern. Geilers Freunde aber gingen mit ihm in den Park und wanden einen Eichenkranz um seine Stirn«.

Daß im übrigen die Landeshymnen mit ihren hochtrabenden und oft bis zur Lächerlichkeit trivial-pathetischen Texten auch zur Blütezeit der Fürstenhäuser im Volke nicht immer unbedingt sehr ernst genommen wurden, zeigt gerade eine aus Oldenburg überlieferte Anekdote. Bei einem Besuch des vorletzten Großherzogs in seinem jenseits der Weser gelegenen, ausschließlich aus fetten Viehweiden bestehenden Territorium Land Wührden hatte man ihm an der Landungsstelle in Dedesdorf einen Triumphbogen errichtet, auf den der dortige Bürgermeister offenbar besonders stolz gewesen ist. So soll er seinen Fürsten, mit der Titelzeile der Landeshymne in gutturaler niederdeutscher Aussprache endend, begrüßt haben:

»Willkommen Friedrich Peter!
Dir zu Ehren steht er.
Nun mußt Du drunter durch.
Heil Dir, o Oldenburch!«

Nun, so provinziell die Szene erscheinen mag, das hier geehrte Haus Oldenburg hat noch heute (in Dänemark und Norwegen) zwei der letzten verbliebenen Throne Europas inne. Bis 1917 regierte es in Rußland und bis vor wenigen Jahren noch in Griechenland. So ist auch die gegenwärtige Königin von Spanien, Schwester des letzten griechischen Königs, oldenburgischer Abkunft und ebenso, in direkter Linie väterlicherseits, der künftige König von England, Prinz Charles von Wales, auf den man vermutlich dereinst noch immer das alte Segensgebet »God save the King« singen wird.

Rechte Seite: »Gott erhalte Franz, den Kaiser«, Kaiser Franz Joseph im Gebet auf einer Postkarte aus dem Ersten Weltkrieg.

Heil dir, o Oldenburg!

Heil dir, o Oldenburg! Heil deinen Farben! Gott schütz dein edles Roß, er segne deine Garben! Heil deinem Führer, heil, der treu dir zugewandt, der dich so gern beglückt, o Vaterland!

Ehr' deine Blümelein, pfleg' ihre Triebe, blau und rot blühen sie, die Freundschaft und die Liebe; wie deine Eichen stark, wie frei des Meeres Flut, sei deutscher Männer Kraft dein höchstes Gut.

Mutig dein Wimpel fleucht durch alle Meere, wohin dein Krieger zeucht, zollt man ihm Ruhm und Ehre; schleudert den fremden Kiel der Sturm an deinen Strand, birgt ihn der Lotsen Schar mit treuer Hand.

Wer deinem Herde naht, fühlt augenblicklich, daß er hier heimisch ist; er preiset sich so glücklich; führt ihn sein Wanderstab durch alle Lande durch, du bleibst sein liebstes Land, mein Oldenburg!

Th. v Robbe.

Heil dir o Oldenburg

Heil deinen Farben!
Gott schütz' dein edles Roß,
Er segne deine Garben.
Heil deinem Fürsten, Heil!
Der treu dir zugewandt,
Der dich so gern beglückt,
O Vaterland!

Ehr' deine Blümelein,
Pfleg' ihre Triebe,
Sie blühen blau und roth:
Die Freundschaft und die Liebe.
Wie deine Eichen stark,
Wie frei des Meeres Fluth,
Sei freier Männer Kraft
Dein höchstes Gut!

»Heil dir, o Oldenburg!«, Lithographie aus dem Jahre 1854 von H. Cordes.

Links: »Heil dir, o Oldenburg!« Farbdruck von etwa 1933 mit der charakteristischen Formulierung
»Führer« statt »Fürsten«.

Für Freiheit, Krieg und Vaterland

Seit dem 18. Jahrhundert hat es in Deutschland neben den Gesängen für Ruhm und Wohlergehen der Herrscher auch bereits allgemeine Lieder zum Preise des Vaterlandes gegeben, sowohl des gesamten deutschen wie des jeweils partikularen mecklenburgischen oder tirolischen. Niemanns Weihelied »*Alles schweige*«, der »Landesvater«, Kombination aus Fürstenhymne und studentisch-patriotischem Gesang, wurde bereits erwähnt. Und eine der frühesten nationalen deutschen Hymnen, Klopstocks um 1770 entstandene Ode »*Was tat dir Tor dein Vaterland?*« hat der 1787 verstorbene Christoph Willibald Gluck 1774 in Wien vertont. Das Lied »*Stimmt an mit hellem, hohem Klang*«, das Matthias Claudius zuerst 1773 in dem Hamburger Volksblatt »Wandsbecker Bote« veröffentlichte, wurde schon bald nach einer Melodie von Carl Spazier in ganz Deutschland gesungen, größte Volkstümlichkeit aber erlangte es erst in der heute noch bekannten Singweise von Albert Methfessel. Und von Georg Philipp Schmidt von Lübeck, Direktor der Altonaer Bank, die damals auch Claudius ein Gehalt als Revisor zahlte, stammt das 1806 unter der Überschrift »Deutscher Gruß an Deutsche« veröffentlichte Lied »*Vom alten deutschen Meer umflossen*«, dessen populäre Melodie ebenfalls Albert Methfessel schuf.

Dieser war 1785 im thüringischen Kleinstaat Schwarz-burg-Rudolstadt geboren. Seine Landesfürstin Carolina Louisa entdeckte seine hervorragende Stimme und ließ ihn in Dresden ausbilden, dann war er zwölf Jahre Hof- und Kammersänger in der Residenz Rudolstadt, ehe er 1822 als Gesanglehrer und Musikdirektor nach Hamburg kam. 1831 wurde er Hofkapellmeister in Braunschweig und ist 1869 in einem Dorf am Harz gestorben. In Hamburg, wo er zu den engen Freunden des jungen Heinrich Heine gehörte, hat er 1825 die Hamburger Liedertafel gegründet, einen der ersten deutschen Gesangvereine.

1818 veröffentlichte Methfessel ein Lieder- und Commersbuch, das viele Auflagen erzielte und zum beliebtesten volkstümlichen Liederbuch seiner Zeit geworden ist. Im Dezember 1813 jedoch war bereits »allen braven deutschen Kriegern gewidmet« in Rudolstadt eine Sammlung mit sechs von ihm komponierten Kriegsliedern erschienen. »*Kriegslied für die zum heiligen Kriege verbündeten Heere*«, beginnend mit den Zeilen »*Gott mit uns! Wir ziehn in den heiligen Krieg*« und gedichtet von Zacharias Werner, war einer der Titel. »Mit Liebe für mein deutsches Vaterland, und mit dem Bewußtsein, etwas Gutes gewollt zu haben, übergebe ich diese Lieder meinen Zeitgenossen«, schrieb Methfessel, die Stimmung jener Tage spiegelnd, im Vorwort, Als die verbündeten Truppen nach der Leipziger Völkerschlacht auf dem Marsch gen Frankreich

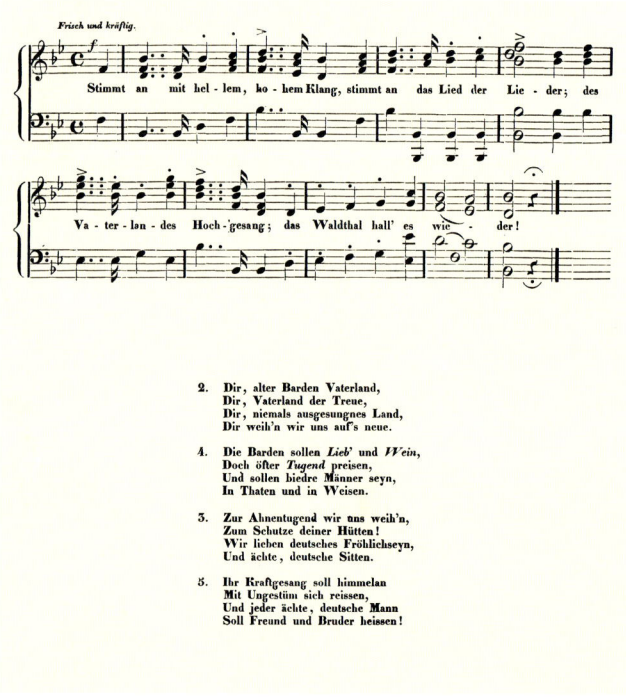

2. Dir, alter Barden Vaterland,
   Dir, Vaterland der Treue,
   Dir, niemals ausgesungnes Land,
   Dir weih'n wir uns auf's neue.

4. Die Barden sollen *Lieb'* und *Wein*,
   Doch öfter *Tugend* preisen,
   Und sollen biedre Männer seyn,
   In Thaten und in Weisen.

3. Zur Ahnentugend wir uns weih'n,
   Zum Schutze deiner Hütten!
   Wir lieben deutsches Fröhlichseyn,
   Und ächte, deutsche Sitten.

5. Ihr Kraftgesang soll himmelan
   Mit Ungestüm sich reissen,
   Und jeder ächte, deutsche Mann
   Soll Freund und Bruder heissen!

2. Und ob das Alte rings veraltet,
   Soll deutscher Sinn fortan bestehn;
   Und ob die Welt sich neu gestaltet,
   So lang der Gott der Väter waltet,
   :,: Soll das Geschlecht nicht untergehn. :,:

4. Es soll mit Gott uns doch gelingen,
   Es muss, was Treue sä't, gedeih'n;
   So lasst die deutschen Becher klingen,
   Und Barden deutsche Lieder singen,
   :,: Und eure Herzen fröhlich seyn! :,:

5. Und haltet treu und fest am Glauben!
   Es glänzen Sterne nur bei Nacht;
   Und wisst, es blühen neu die Lauben,
   Und todte Reben bringen Trauben,
   :,: Wenn ihren Kreis die Zeit vollbracht. :,:

5. Denn hoch und herrlich wird vor allen
   Ersten deutsches Volk und Land!
   Ich höre Klopstocks Stimme schallen,
   Ich seh' die Feuersäule wallen,
   :,: Und in der Wolke Gottes Hand! :,:

durch Rudolstadt kamen, zog der fürstliche Kammersänger, sein soeben vollendetes Lied »Hinaus in die Ferne« singend, ihnen mit der Gitarre voran. Methfessel war überhaupt ein vorzüglicher Sänger, Gesangspädagoge und Chorleiter und liebte es, auf langen Wanderungen mit Freunden, sich im Geschmack der Zeit als Nachfahren germanischer Barden fühlend, zur Gitarre eigene und andere volkstümliche Lieder vorzutragen. Die Claudiussche Hymne »Stimmt an mit hellem, hohen Klang«, in der schon »von der alten Barden Vaterland« die Rede ist, hat er 1811 vertont, und wenig später Ernst Moritz Arndts 1812 verfaßtes »Der Gott, der Eisen wachsen ließ«, einen der berühmtesten und erfolgreichsten deutschen Freiheitsgesänge aus den Jahren der Erhebung gegen Napoleon.

1. Frei-heit, die ich mei-ne, die mein Herz er-füllt,
komm mit dei-nem Schei-ne, sü-ßes En-gel-bild!
Magst du nie dich zei-gen der be-dräng-ten Welt?
füh-rest dei-nen Rei-gen nur am Ster-nen-zelt?

2. Auch bei grünen Bäumen in dem luſt'gen Wald, unter Blütenträumen iſt dein Aufenthalt! Ach, das iſt ein Leben, wenn es weht und klingt, wenn dein ſtilles Weben wonnig uns durchdringt.

3. Wenn die Blätter rauſchen ſüßen Freundesgruß, wenn wir Blicke tauſchen, Liebeswort und Kuß. Aber immer weiter nimmt das Herz den Lauf. Auf der Himmelsleiter ſteigt die Sehnſucht auf.

4. Aus den ſtillen Kreiſen kommt mein Hirtenkind, will der Welt beweiſen, was es denkt und minnt. Blüht ihm doch ein Garten, reift ihm doch ein Feld auch in jener harten, ſteinerbauten Welt.

5. Wo ſich Gottes Flamme in ein Herz geſenkt, das am alten Stamme treu und liebend hängt; wo ſich Männer finden, die für Ehr' und Recht mutig ſich verbinden, weilt ein frei Geſchlecht.

6. Hinter dunkeln Wällen, hinterm eh'rnen Tor kann das Herz noch ſchwellen zu dem Licht empor. — Für die Kirchhallen, für der Väter Gruft, für die Liebſten fallen, wenn die Freiheit ruft!

7. Das iſt rechtes Glühen, friſch und roſenrot: Heldenwangen blühen ſchöner auf im Tod. Wolleſt auf uns lenken Gottes Lieb und Luſt, wolleſt gern dich ſenken in die deutſche Bruſt!

8. Freiheit, die ich meine, die mein Herz erfüllt, komm mit deinem Scheine, ſüßes Engelsbild! Freiheit, holdes Weſen, gläubig, kühn und zart, haſt ja lang erleſen dir die deutſche Art.

Der Gott, der Ei-sen wachsen liess, der woll-te kei-ne Knechte; drum gab er Sä-bel,
Schwerdt u. Spiess dem Mann in sei-ne Rechte. Drum gab er ihm den kühnen Muth, den Zorn der frei-en
Re-de, dass er beständ-ig bis auf's Blut, bis in den Tod die Feh-de!

Neben Fürstenhymnen und patriotischen Kriegsliedern haben diese Jahre eine ganze Reihe von romantischen vaterländischen Freiheitsgesängen gebracht, vor allem solche, die das Verlangen nach der verlorenen Einheit des Reiches, nach einem wiedervereinigten Deutschland, zum Teil auch nach einem neuen Kaiser aussprachen. Und in den Jahrzehnten nachher entstanden weitere solcher Lieder. Demokratischer und nationaler Freiheitsdrang, Kampfeslust zur Wehr gegen Frankreich und Sehnsucht nach dem Reich waren die Inhalte. Das reicht von Schenkendorfs choralhaft-mystischer »Freiheit, die ich meine« bis zu Schneckenburgers »Wacht am Rhein« mit Schwertgeklirr und Wogenprall. Der Rhein spielte überhaupt in recht vielen der Texte eine Rolle, denn um ihn, »Deutschlands Strom, nicht Deutschlands Grenze«, ging es ja in den Kämpfen gegen Frankreich, an denen sich zwischen 1793 und 1918 hüben wie drüben die patriotische Begeisterung entzündete.

»Freiheit, die ich meine«, ist das lyrischste und am wenigsten martialische der vaterländischen Lieder. Von dem 1783 in Tilsit geborenen preußischen Beamten Max von Schenkendorf, dem es in seinen Gedichten vor allem um die Wiederherstellung von Kaisertum und Reich ging, stammt der 1813 verfaßte Text des Liedes, von dem 1798 geborenen, späteren Konsistorialrat Karl Groos die bekannteste Vertonung aus dem Jahre 1818. Nach der alten Geusenweise »Wilhelmus von Nassauen«, der Melodie der holländischen Nationalhymne, die der 1625 verstorbene Adrian Valerius komponiert hat, dichtete Schenkendorf 1814 »Wenn alle untreu werden«, das die Treue zum »heiligen deutschen Reich« besingt. Nach dem Ersten Weltkrieg war es eins der beliebtesten Lieder der bündischen Jugend und wurde in der Nazizeit zum Leiblied der SS.

Zu Ostern 1813 erschien, mit einer Vorrede des »Turnvaters« Friedrich Ludwig Jahn, das von dem 1769 auf der damals schwedischen Insel Rügen geborenen Universitätsprofessor Ernst Moritz Arndt gedichtete »Was ist des Deutschen Vaterland?«. Im April 1814, zur Feier des Einzugs der siegreichen Verbündeten in Paris, wurde es

Nächste Doppelseite: Zwei zeittypische Titel von Kommersbüchern, links aus der burschenschaftlich-demokratisch bestimmten Zeit vor 1819, rechts aus der Kaiserzeit nach 1871.

Commersbuch

Sey mein Freund und nimm zum Pfand
Teutschen Druck der Rechten

Germania

Dritte Auflage.

Tübingen, in der C. F. Osiander'schen Buchhandlung

Allgemeines Reichs-Commersbuch

Breitkopf & Härtel

Leipzig.

[Noten: "1. Wenn alle untreu werden, so bleiben wir doch treu, daß immer noch auf Erden für euch ein Fähnlein sei, Gefährten unsrer Jugend, ihr Bilder beßrer Zeit, die uns zu Männertugend und Liebestod geweiht."]

2. Wollt nimmer von uns weichen, uns immer nahe sein, treu wie die deutschen Eichen, wie Mond und Sonnenschein! Einst wird es wieder helle in aller Brüder Sinn, sie kehren zu der Quelle in Lieb und Treue hin.

3. Es haben wohl gerungen die Helden dieser Frist, und nun der Sieg gelungen, übt Satan neue List. Doch wie sich auch gestalten im Leben mag die Zeit, du sollst mir nicht veralten, o Traum der Herrlichkeit!

4. Ihr Sterne seid uns Zeugen, die ruhig niederschaun, wenn alle Brüder schweigen und falschen Götzen traun. Wir wolln das Wort nicht brechen, nicht Buben werden gleich, wolln predigen und sprechen vom heilgen deutschen Reich!

von der Hofschauspielerin Conradine Bethmann im Berliner Hoftheater öffentlich deklamiert, zum ersten Mal gesungen am 12. Juni 1815 nach der Melodie des in Jena studierenden späteren Pfarrers Johannes Cotta von der dortigen Burschenschaft. Ihre große Popularität und ihren Charakter als quasi inoffizielles großdeutsches Nationallied bis 1866 erlangten Arndts Verse jedoch erst mit der am 3. August 1825 anläßlich einer Riesengebirgswanderung auf der Schneekoppe entstandenen und mit Freunden zuerst gesungenen Melodie des Berliner Komponisten Gustav Reichardt. 1797 in Demmin geboren, stammte dieser wie Arndt aus Schwedisch-Vorpommern; in Berlin war er 1825 einer der Begründer der Berliner Liedertafel und Gesanglehrer des späteren Kaisers Friedrich. Aufschlußreich für die freiheitlich-demokratische Gesinnung, die 1813 in Deutschland, vornehmlich unter den jungen kriegsfreiwilligen Studenten und Handwerkern, herrschte und bald durch Reaktion und Zensur kategorisch gedämpft wurde, ist die in späteren Veröffentlichungen fehlende ursprüngliche siebte Strophe im Arndtschen Lied, in der die Verse vorkommen:

Was ist des Deutschen Vaterland?
So nenne mir das große Land!

Nach der Melodie, die der Weißenfelser Musikdirektor und Seminarlehrer Carl Ludwig Traugott Gläser 1791 zu dem Liede »Feinde ringsum!« komponiert hatte, dichtete der 1785 in Lippstadt geborene spätere evangelische Pfarrer Johann Heinrich Christian Nonne, die Jugend zum Freiheitskampf rufend, das im Oktober 1814 zuerst in Essen gedruckte Lied »Flamme empor«.

[Noten: "1. Flamme empor! Flamme empor! Steige mit lodernd dem Scheine, von den Gebirgen am Rheine, glühend empor, glühend empor!"]

2. Siehe, wir stehn treu im geweihten Kreise, dich, zu des Vaterlands Preise, Flamme, zu sehn.
3. Heilige Glut, rufe die Jugend zusammen, daß bei den lodernden Flammen wachse der Mut.
4. Auf allen Höhn leuchte, du flammendes Zeichen, daß alle Feinde erbleichen, wenn sie dich sehn!
5. Leuchtender Schein! Siehe, wir singenden Paare schwören am Flammenaltare, Deutsche zu sein!
6. Höre das Wort! Vater, auf Leben und Sterben, hilf uns, die Freiheit erwerben! Sei unser Hort!

Das Lied »Der alte Barbarossa«, 1816 verfaßt von Friedrich Rückert und 1824 vertont von dem 1787 in Säckingen geborenen Musikpädagogen und Herausgeber des damals sehr beliebten Liederbuches »Wandervögelein«, Joseph Gersbach, hatte, ganz politisch-aktuell verstanden, die mittelalterlich-romantische Sehnsucht nach Kaiser und Reich zum Inhalt und wurde mit entsprechender Begeisterung im Volke aufgenommen.

[Noten: "1. Der alte Barbarossa, der Kaiser Friederich, im unterirdschen Schlosse hält er verzaubert sich.
2. Er ist niemals gestorben, er lebt darin noch jetzt, hat im Schloß verborgen zum Schlaf sich hingesetzt.
3. Er hat hinabgenommen des Reiches Herrlichkeit und wird einst wiederkommen mit ihr zu seiner Zeit.
4. Der Stuhl ist elfenbeinern, darauf der Kaiser sitzt, der Tisch ist marmelsteinern, worauf sein Haupt er stützt.
5. Sein Bart ist nicht von Flachse, er ist von Feuersglut, ist durch den Tisch gewachsen, worin sein Kinn aus ruht.
6. Er nickt als wie im Traume, sein Aug halb offen zwinkt, und je nach langem Raume er einem Knaben winkt.
7. Er spricht im Schlaf zum Knaben: Geh hin vors Schloß, o Zwerg, und sieh, ob noch die Raben herfliegen um den Berg!
8. Und wenn die alten Raben noch fliegen immerdar, so muß ich auch noch schlafen verzaubert hundert Jahr."]

66. Des Deutschen Vaterland.

Mit Wärme.

Was ist des Deutschen Vaterland? Ist's Preußenland? Ist's Schwabenland? Ist's wo am Rhein die Re — be blüht? Ist's wo am Belt die Mö — ve zieht? O nein, o nein, o nein, o nein! Sein Va — ter — land muß grö — ßer seyn!

2. Was ist des Deutschen Vaterland?
    Ist's Baierland, ist's Steierland?
    Ist's, wo des Marsen Rind sich streckt?
    Ist's, wo der Märker Eisen reckt?
    O nein! etc.

3. Was ist des Deutschen Vaterland?
    Ist's Pommerland? Westphalenland?
    Ist's, wo der Sand der Dünen weht?
    Ist's, wo die Donau brausend geht?
    O nein! etc.

4. Was ist des Deutschen Vaterland?
    So nenne mir das große Land!
    Ist's Land der Schweizer? ist's Tyrol?
    Das Land und Volk gefiel mir wohl!
    O nein! etc.

5. Was ist des Deutschen Vaterland?
    So nenne mir das große Land!
    Gewiß ist es das Oesterreich,
    An Siegen und an Ehren reich?
    O nein! etc.

6.

9.

Wiedergabe aus Albert Methfessels Lieder- und Commersbuch von 1818.

Der dreiundzwanzigjährige Berliner Hans Ferdinand Maßmann, Germanist und mit Jahn einer der Promoter der deutschen Turnerei, freiwilliger Jäger im Frankreichfeldzug 1815 und einer der Organisatoren des Wartburgfestes der Burschenschaft, schrieb 1820 das Lied »Ich hab mich ergeben« nach einer Volksweise, die schon der 1793 in Kiel geborene August von Binzer für sein 1819 bei der Auflösung der Burschenschaft in Jena gesungenes Lied »Wir hatten gebauet ein stattliches Haus« verwendet hatte.

4. Ach Gott, tu' erheben mein jung' Herzensblut zu frischem, freud'gem Leben, zu freiem, frommen Mut.
5. Laß Kraft mich erwerben in Herz und in Hand, zu leben und zu sterben fürs heil'ge Vaterland!

Im Jahre 1840, als dann politische Spannungen die Gefahr eines neuerlichen Krieges mit Frankreich wahrscheinlich machten, entstanden zwei der nachmals erfolgreichsten, das nationale Trauma vom bedrohten Rhein beschwörenden patriotischen Lieder.

»Sie sollen ihn nicht haben, den freien deutschen Rhein«, dichtete der 1809 in Bonn geborene Kölner Gerichtsauskultator Nikolaus Becker. Seine Verse wurden am 15. Oktober zum Geburtstag König Friedrich Wilhelms IV. nach einer Vertonung von Conradin Kreutzer im Kölner Opernhaus zum ersten Mal gesungen. Etwa siebzigmal ist es danach noch komponiert worden, am bekanntesten wurde die Melodie mit der für Männerchor gesetzten Fassung von Robert Schumann. »Lange Zeit«, schrieb 1878 der Literarhistoriker Robert Koenig, wurde »es auf allen Straßen und in allen Schenken bis zum Überdruß gesungen und geleiert.«

Im November dichtete der 1819 im schwäbischen Thalheim bei Tuttlingen geborene junge Max Schneckenburger, ein gebildeter, in der Schweiz lebender Industrieller und politisch interessierter Freizeitpoet, in Bern die »Wacht am Rhein«. Im gleichen Jahr hatte er in einem politischen Aufsatz geschrieben: »Bei der ersten neuen Regulierung Europas muß die Schuhflickerorganisation des Wiener Congresses durch die einzig vernünftige und

»Es braust ein Ruf wie Donnerhall«, Titel einer Klavierausgabe der »Wacht am Rhein« aus dem Kriegsjahr 1870.

Die Dryade der Germanischen Eiche fleht um Schonung bey ihrem wilden Verwüster dem Franzosen ... Der Preuße eilt ihr zu Hülfe.

Zeitgenössisches Aquarell aus den napoleonischen Kriegen, die Anlaß zur Entstehung zahlreicher deutscher
Volkshymnen und Freiheitslieder gaben.
Oben rechts: Feldpostkarte aus dem Ersten Weltkrieg.

Sie sollen ihn nicht haben.

Sie sollen ihn nicht haben,
Den freien deutschen Rhein,
Solang dort kühne Knaben
Um schlanke Dirnen frei'n.

fürderhin einzig zulässige Eintheilung nach nationalen Grundlagen ersetzt werden. Und einer solchen Eintheilung ist es vorbehalten, Deutschland alle seine nach und nach entfremdeten Provinzen wiederzugeben, wobei Arndts Soweit die deutsche Zunge klingt als das richtige Schema für die Gründung eines neuen Deutschland angenommen wird«. Das war ganz im nationalstaatlichen und großdeutschen Sinne der Zeit gedacht. Noch im Dezember 1840 wurde das Lied in Bern mit einer Melodie des dortigen, aus Darmstadt stammenden Organisten J. Mendel gedruckt und erklang öffentlich zum ersten Mal im Hause des preußischen Gesandten von Bunsen, wobei der Berner Musikdirektor Methfessel, ein Vetter des Rudolstädter Liederkomponisten, die Tenorpartie sang. Dann geriet es, obgleich es auch in Leipzig verlegt wurde, im Schatten des rasch populär werdenden »Sie sollen ihn nicht haben«, zu dem 1841 Alfred de Musset eine in Frankreich nicht minder populäre Entgegnung gedichtet hatte, in Vergessenheit. Erst 1854 kam »Die Wacht am Rhein« dem Krefelder Musikdirektor Carl Wilhelm in die Hände, der ihr eine eigene Melodie gab und sie am 11. Juni zur Silberhochzeit des Prinzen Wilhelm und nachmaligen Kaisers Wilhelm I. durch den von ihm geleiteten Männerchor zu Gehör bringen ließ. Seitdem wurde es durch Chöre auf Sängerfesten schnell bekannt, besonders aber durch die Brüder Steinhaus, ein damals auf seinen Tourneen in ganz Deutschland

begeistert gefeiertes Gesangsquartett. Und als dann 1870 der Krieg mit Frankreich ausbrach, wurde es das am häufigsten gesungene Lied der kämpfenden Truppen und schließlich im Siegestaumel des Volkes faktisch zur inoffiziellen Nationalhymne des sich nun etablierenden Bismarckreiches. In einem zeitgenössischen Bericht hieß es: »Am 24. März 1871 wurden in Berlin die Mitglieder des Reichstages Ihren Kaiserlichen und Königlichen Majestäten vorgestellt und zur großen Tafel gezogen. Als während derselben Seine Majestät der Kaiser ein Hoch auf das deutsche Reich und den Reichstag ausbrachte, intonierte die Bilsesche Kapelle die ›Wacht am Rhein‹.«

Diese beiden, als Reaktion auf die französische Politik von 1840 entstandenen kriegerischen Rheinlieder hatten jedoch sogleich auch ihre Spötter. Hoffmann von Fallersleben verulkte die ungeheure Popularität der Beckerschen Verse:

»Wo du magst ruhen, gehen, traben,
Du hörst in tausend Melodein,
›Sie sollen ihn nicht haben‹
Von Tilsit bis nach Memel schrein.«

Und Heinrich Heine, der sie auf der Fahrt von Paris nach Hamburg gleichfalls bis zum Überdruß hatte singen hören und in Frankreich wohl ebenso Alfred de Mussets

Gegenlied, reimte 1843 in seinem Reisebericht »Deutschland, ein Wintermärchen«:

Und als ich an die Rheinbrück kam,
Wohl an die Hafenschanze,
Da sah ich fließen den Vater Rhein
Im stillen Mondenglanze.

Sei mir gegrüßt, mein Vater Rhein,
Wie ist es dir ergangen?
Ich habe oft an dich gedacht
Mit Sehnsucht und Verlangen.

So sprach ich, da hört ich im Wasser tief
Gar seltsam grämliche Töne,
Wie Hüsteln eines alten Manns,
Ein Brümmeln und weiches Gestöhne:

»Willkommen, mein Junge, das ist mir lieb,
Daß du mich nicht vergessen;
Seit dreizehn Jahren sah ich dich nicht,
Mir ging es schlecht unterdessen.

Zu Biberich hab ich die Steine verschluckt,
Wahrhaftig, sie schmeckten nicht lecker
Doch schwerer liegen im Magen mir
Die Verse von Niklas Becker.

Er hat mich besungen, als ob ich noch
Die reinste Jungfer wäre,
Die sich von niemand rauben läßt
Das Kränzlein ihrer Ehre.

Wenn ich es höre, das dumme Lied,
Dann möcht ich mir zerraufen
Den weißen Bart, ich möchte fürwahr
Mich in mir selbst ersaufen!

Daß ich keine reine Jungfer bin,
Die Franzosen wissen es besser,
Sie haben mit meinem Wasser so oft
Vermischt ihr Siegergewässer.

Das dumme Lied und der dumme Kerl!
Er hat mich schmählich blamieret,
Gewissermaßen hat er mich auch
Politisch kompromittieret.

Denn kehren jetzt die Franzosen zurück,
So muß ich vor ihnen erröten,
Ich, der um ihre Rückkehr so oft
Mit Tränen zum Himmel gebeten.

Ich habe sie immer so lieb gehabt,
Die lieben kleinen Französchen –
Singen und springen sie noch wie sonst?
Tragen noch weiße Höschen?

Ich möchte sie gerne wiedersehn,
Doch fürcht ich die Persiflage,
Von wegen des verwünschten Lieds,
Von wegen der Blamage.

Der Alfred de Musset, der Gassenbub,
Der kommt an ihrer Spitze
Vielleicht als Tambour, und trommelt mir vor
All seine schlechten Witze.«

So klagte der arme Vater Rhein,
Konnt sich nicht zufrieden geben.
Ich sprach zu ihm manch tröstendes Wort,
Um ihm das Herz zu heben:

O fürchte nicht, mein Vater Rhein,
Den spöttelnden Scherz der Franzosen;
Sie sind die alten Franzosen nicht mehr,
Auch tragen sie andere Hosen.

»Es braust ein Ruf wie Donnerhall«, Germania auf der Wacht am Rhein, ein 1860 entstandenes Gemälde von Lorenz Clasen im Kaiser Wilhelm Museum in Krefeld.

Die Hosen sind rot und nicht mehr weiß,
Sie haben auch andere Knöpfe,
Sie singen nicht mehr, sie springen nicht
mehr,
Sie senken nachdenklich die Köpfe.

Sie philosophieren und sprechen jetzt
Von Kant, von Fichte und Hegel,
Sie rauchen Tabak, sie trinken Bier,
Und manche schieben auch Kegel.

Sie werden Philister ganz wie wir
Und treiben es endlich noch ärger;
Sie sind keine Voltairianer mehr,
Sie werden Hengstenberger.

Der Alfred de Musset, das ist wahr,
Ist noch ein Gassenjunge;
Doch fürchte nichts, wir fesseln ihm
Die schändliche Spötterzunge.

Und trommelt er dir einen schlechten Witz,
So pfeifen wir ihm einen schlimmern,

Wir pfeifen ihm vor, was ihm passiert
Bei schönen Frauenzimmern.

Gib dich zufrieden, Vater Rhein,
Denk nicht an schlechte Lieder,
Ein besseres Lied vernimmst du bald –
Leb wohl, wir sehen uns wieder.

Seinen alten Hamburger Freund aus den zwanziger Jahren jedoch, den Barden und Musikdirektor Albert Methfessel, der viele seiner Lieder vertonte, hat Heine, nach seinen eigenen Worten »ganz erstaunlich hoch« geachtet. In der Berliner Zeitschrift »Gesellschafter« hatte er damals aus Hamburg über ihn berichtet, daß »sich einer der ausgezeichnetsten deutschen Musiker hier niederlassen will. Das ist Albert Methfessel, dessen Liedermelodien durch ganz Deutschland verbreitet sind, von allen Volksklassen geliebt werden und sowohl im Kränzchen

Rechts: »Deutschland, Deutschland über alles«, Feldpostkarte aus dem Ersten Weltkrieg.

Unten: »Sie sollen ihn nicht haben, den freien deutschen Rhein«, Lithographie aus dem Kriegsjahr 1870.

34

Deutschland, Deutschland über alles,

über alles in der Welt wenn es stets zu Schutz und Trutze brüderlich zusammenhält, von der Maas bis an die Memel, von der Etsch bis an den Belt: Deutschland, Deutschland über alles über alles in der Welt.

Deutsche Frauen, deutsche Treue, deutscher Wein und deutscher Sang, sollen in der Welt behalten ihren alten, schönen Klang, uns zu edler Tat begeistern unser ganzes Leben lang: deutsche Frauen, deutsche Treue, deutscher Wein und deutscher Sang.

Einigkeit und Recht und Freiheit für das deutsche Vaterland. Danach laßt uns alle streben brüderlich mit Herz und Hand. Einigkeit und Recht und Freiheit sind des Glückes Unterpfand. Blüh im Glanze dieses Glückes, blühe deutsches Vaterland.

Hoffmann von Fallersleben 1841

Peter Geh.

Der deutsche Michel.

Der deutsche Michel erwacht, Neuruppiner Bilderbogen aus dem Revolutionsjahr 1848.
Oben rechts: Feldpostkarte aus dem Ersten Weltkrieg.

Lieb' Vaterland
magst ruhig sein

sanftmütiger Philisterlein als in der wilden Kneipe zechender Burschen klingen und widerklingen. Auch Referent hat zu seiner Zeit manches hübsche Lied aus dem Methfesselschen Kommersbuche ehrlich mitgesungen und hat schon damals Mann und Buch hochgeschätzt.

Wahrlich, man kann jene Komponisten nicht genug ehren, welche uns Liedermelodien geben, die von der Art sind, daß sie sich Eingang beim Volke beschaffen und echte Lebenslust und wahren Frohsinn verbreiten. Die meisten Komponisten sind innerlich so verkünstelt, versumpft und verschroben, daß sie nichts Reines, Schlichtes, kurz nichts Natürliches hervorbringen können – und das Natürliche, das organisch Hervorgegangene und mit dem unnachahmlichen Stempel der Wahrheit Gezeichnete ist es eben, was den Liedermelodien jenen Zauber verleiht, der sie allen Gemütern einprägt und sie populär macht.

Einige unserer Komponisten sind zwar der Natur immer noch nahe genug geblieben, daß sie dergleichen schlichte Liederkompositionen liefern könnten; aber teils dünken sie sich zu vornehm dazu, teils gefallen sie sich in absichtlichen Naturabweichungen und fürchten vielleicht, daß man sie nicht für wirkliche Künstler halten möchte, wenn sie nicht musikalische Kunststücke machen.

Das Theater ist die nächste Ursache, warum das Lied vernachlässigt wird; alles, was nur den Generalbaß studiert oder halb studiert oder gar nicht studiert hat, stürmt nach den Brettern. Leidige Nachahmerei, Untergang mancher wirklich Talentvollen! Weichmütige Blütenseelen wollen kolossale Elefanten-Musik hervorposaunen und -pauken; handfeste Kraftkerle wollen süße Rossinische Rosinen-Musik oder gar noch überzuckerte Rosinen-Musik hervorhauchen. Gott besser's! –

Wir wollen daher Komponisten wie Methfessel ehren – und ihn ganz besonders und seine Liedermelodien dankbar anerkennen. «

Mit diesem Urteil Heines ist gerade auch die Produktion vieler deutscher Vaterlands- und Heimatlieder des 19. Jahrhunderts treffend gekennzeichnet.

Ein um dreizehn Jahre jüngerer, zwar nicht komponierender, sondern dichtender und kaum weniger produktiver Liedersänger als Methfessel war August Heinrich Hoffmann, geboren 1798 im niedersächsischen Fallersleben, seit 1830 Professor für deutsche Sprache und Literatur an der preußischen Universität Breslau. Er hat als Germanist mittelhochdeutsche Dichtungen entdeckt und herausgegeben, zog wie Methfessel gern im Lande herum und sang für Freunde zur Gitarre volkstümliche Lieder, von denen er viele selbst verfaßt hat: zahlreiche Kinderlieder wie »Alle Vögel sind schon da!«, »Kuckuck ruft's aus dem Wald«, »Morgen kommt der Weihnachtsmann«, Wanderlieder wie »So scheiden wir mit Sang und Klang« und seine durchaus politischen »Unpolitischen Lieder«, die gleich nach dem Druck in Preußen verboten wurden und ihn auf Betreiben des reaktionären Berliner Ministeriums seine Breslauer Professur kosteten. Am berühmtesten geworden ist sein »Lied der Deutschen«, das er am 26. August 1841 auf Helgoland schrieb.

Er verbrachte einige Wochen auf der damals englischen Nordseeinsel, und sein Hamburger Verleger Julius Campe, der auch Heines und Hebbels Verleger war, besuchte ihn dort. Hoffmann selbst berichtete darüber: »Am 28. August kommt Campe mit dem Stuttgarter Buchhändler Paul Neff. Er bringt mir das erste fertige Exemplar des zweiten Teils der ›Unpolitischen Lieder‹ . . .

Am 29. August spaziere ich mit Campe am Strande. ›Ich habe ein Lied gemacht, das kostet aber 4 Louisdor‹. Wir gehen in das Erholungszimmer. Ich lese ihm: ›Deutschland, Deutschland über alles‹, und noch ehe ich damit zu Ende bin, legt er mir die 4 Louisdor auf meine Brieftasche. Neff steht dabei, verwundert über seinen großen Kollegen. Wir beratschlagen, in welcher Art das Lied am besten zu veröffentlichen ist. Campe schmunzelt: ›Wenn es einschlägt, so kann es ein Rheinlied werden. Erhalten Sie drei Becher, muß mir einer zukommen.‹ Ich schreibe es unter

Erstdruck des Deutschlandlieds von 1841.

dem Lärm der jämmerlichsten Tanzmusik ab, Campe steckt es ein, und wir scheiden.

Am 4. September bringt mir Campe das Lied der Deutschen mit der Haydn'schen Melodie in Noten, zugleich mein Bildnis, gezeichnet von C. A. Lill. «

Campes Hinweis auf das »Rheinlied« bezieht sich zweifellos auf den derzeitigen Riesenerfolg von Beckers »Sie sollen ihn nicht haben«. Das Beisein des Stuttgarter

Verlegers Paul Neff hat zur Folge gehabt, daß dieser sich
an der Publikation des Liedes beteiligte und sein Name
zusammen mit Campes Verlag Hoffmann und Campe auf
dem Titelblatt des Erstdruckes erschien. Der Notensatz,
nach der Haydn-Melodie von »*Gott erhalte Franz, den
Kaiser*«, ist, den Intentionen des Barden Hoffmann entsprechend, der seine Lieder gern selbst sang und begleite-
te, für Gitarre ausgeführt. Am 5. Oktober wurde in seinem Beisein auf dem Hamburger Jungfernstieg dem badi-
schen demokratischen Staatsrechtler Welcker, der wie
Hoffmann später sein Amt verlor, vor seiner Wohnung in
Streits Hotel ein Fackelzug dargebracht. Dabei erklang,
von Methfessels 1825 gegründeter Hamburger Liedertafel gesungen, weit über die Binnenalster schallend, zum
ersten Male »*Deutschland, Deutschland über alles*«. Das
Lied, im Wunsch nach »*Einigkeit und Recht und Freiheit
für das deutsche Vaterland*« gipfelnd, ist seitdem eines
der beliebtesten nationalen Lieder geworden – offizielle
Staatshymne aber wurde es erst 1922 in der Weimarer
Republik.

Der Germanistikprofessor Hoffmann von Fallersleben,
wie er sich nach seinem Geburtsort nannte, kannte natür-

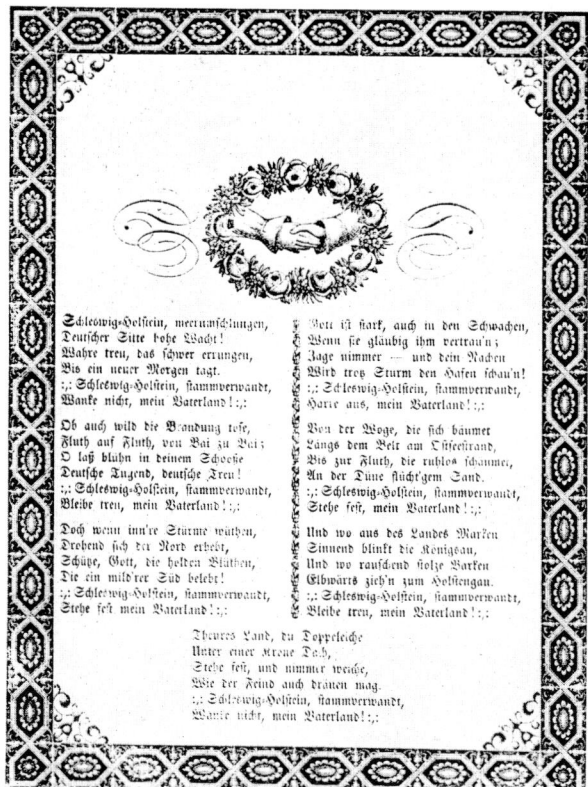

Von einem Schulheft-Umschlag aus dem Jahre 1848.

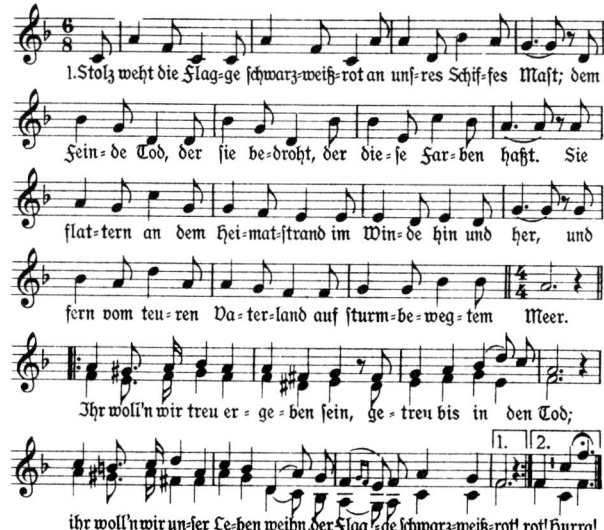

2. Allüberall, wo auf dem Meer ein deutscher Mast sich reckt, da steht die deutsche Flagge sehr in Achtung und Respekt; sie bietet auf dem Meere Schutz dem Rei-
che allezeit und jedem frechen Feind zum Trutz, der Deutschlands Ehr bedräut. I: Fürwahr, wo unsre Flagge weht, da hat es keine Not; hoch leb, die hoch in Ehren steht,
die Flagge schwarz-weiß-rot! :I

3. Und wenn ein feindlich Schiff uns naht, und heißt's:"Klar zum Gefecht!" dann
drängt es uns zur kühnen Tat; wir kämpfen auch nicht schlecht. Und dringt ein feind-
liches Geschoß in eines Seemanns Herz, nie klagt der tapfre Kamerad, ihm macht es
keinen Schmerz. I:"Hurra!" ruft er, was schadet mir? Ich sterb den Heldentod für
Seemanns heiliges Panier, die Flagge schwarz-weiß-rot!" :I

4. Und treibt des wilden Sturms Gewalt uns auf ein Felsenriff, ganz gleich in
welcherlei Gestalt Gefahr droht unserm Schiff, wir weichen und wir wanken nicht,
wir tun nach Seemanns Brauch: den Tod nicht achten ist uns Pflicht bis zu dem letzten Hauch. I: Ja, mit dem Tode kämpfend noch, der sterbende Pilot, in seiner Rechten hält er hoch die Flagge schwarz-weiß-rot! :I

»Stolz weht die Flagge schwarz-weiß-rot«, Feldpostkarten aus dem Ersten Weltkrieg, auf denen als Bildtext
die folgenden Verse des Liedes stehen: Dir wollen wir treu ergeben sein, getreu bis in den Tod, dir wolln wir
unser Leben weihn, der Flagge schwarz, weiß, rot.

No 1236.

Neu Ruppin bei Oehmigke & Riemschneider.

»Ich bin ein Preuße, kennt ihr meine Farben?«, Neuruppiner Bilderbogen der Biedermeierzeit.
Rechts: »O Deutschland hoch in Ehren«, Postkarte aus dem Ersten Weltkrieg.

O Deutschland hoch in Ehren.

O Deutschland, hoch in Ehren! Du heil'ges Land der Treu'! Hell leuchtet deines Ruhmes Glanz in Ost und West aufs neu'! Du stehst wie deine Berge fest gen Feindes Macht und Trug, und wie des Adlers Flug gen West geht deines Geistes Zug. Haltet aus, haltet aus, lasset hoch das Banner wehn! Zeiget ihm, zeigt der Welt, daß wir treu zusammenstehn! :,: Daß sich unsre alte Kraft erprobt, wenn der Schlachtruf uns entgegentobt! Haltet aus im Sturmgebraus, haltet aus im Sturmgebraus! :,:

Zum Herrn erhebt die Herzen, zum Herrn erhebt die Hand! Gott schütze unser teueres geliebtes Vaterland! Es sind die alten Schwerter noch, es ist das deutsche Herz, ihr zwingt sie nimmermehr ins Joch sie dauern aus wie Erz. Haltet aus usw.

lich das Deutschlandlied des Minnesängers Walther von der Vogelweide, in dem dieser schon mehr als fünfhundert Jahre vor Hoffmann die Vortrefflichkeit deutscher Lande und deutscher Frauen besungen hatte: sie möchten aller Welt am besten gefallen. Und: »von der Maaß bis an die Memel, von der Etsch bis an den Belt«, das war ganz im Sinne von Arndts »Was ist des Deutschen Vaterland?«, der gefolgert hatte: »so weit die deutsche Zunge klingt.« Wo deutsch gesprochen wurde, dort sollte nach Hoffmann Deutschland sein, in einem geeinten, nicht durch partikularistische Interessen der Einzelstaaten zerrissenen, demokratisch regierten Reich. Und in ihm sollte Freiheit herrschen, nicht zuletzt Presse- und Meinungsfreiheit, die es hier, auf der deutschsprachigen, aber englischen Nordseeinsel gab, anders als zum Beispiel damals in Preußen und im Österreich Metternichs. »Deutschland, Deutschland über alles«, das bedeutete für Hoffmann von Fallersleben und jeden anderen demokratischen Patrioten, daß ihnen das brüderlich geeinte Deutschland, in dem Recht und Freiheit herrschen, über alles ging, ihnen mehr als alles andere auf der Welt wert war. Daß es über alle anderen herrschen wolle, das haben erst wilhelminische und nationalsozialistische Chauvinisten erträumt und als Programm aus diesen Zeilen herausgelesen.

Nebenbei aber sollte nicht vergessen werden, daß das »Lied der Deutschen« unter anderem ein Trinklied ist und dementsprechend auch der Toast auf deutschen Wein, deutsche Frauen und deutschen Sang in der zweiten Strophe zu verstehen ist. Und in Hoffmanns eigener erster Niederschrift des Liedes steht als Alternative zu den letzten Zeilen

> *»Blüh im Glanze dieses Glückes,*
> *Blühe deutsches Vaterland!«*

der Trinkspruch:

> *»Stoßet an und ruft einstimmig:*
> *Hoch das deutsche Vaterland!«*

Ein anderes Deutschlandlied von zeitweise nicht geringerer Popularität hat ein Jugendfreund Eduard Mörikes, der im Jahre 1845 verstorbene schwäbische Dichter Ludwig Bauer, verfaßt: »O Deutschland hoch in Ehren, du heilges Land der Treu!« Vertont worden ist es 1859 in Würzburg von dem 1815 in Oxford geborenen Henry Hugh Pearson, einem Freunde Felix Mendelssohn-Bartoldys, der, seinen Namen in »Pierson« verdeutschend, später als Komponist in Leipzig lebte und dort 1873 starb. Dieses Werk eines Engländers erlangte ironischerweise seine größte Beliebtheit 1914 im Weltkrieg gegen England.

Im Revolutionsjahr 1848 entstand das von Freiheit und Demokratie schwärmende Lied »Schwarz, Rot und Gold, das sind die Farben«, dessen Verfasser und Melodie nicht mehr bekannt sind, und rund vierzig Jahre später, gleichsam als ein Gegenbeispiel hierzu, in sehr viel militanterem patriotischen Geist und schon ganz Ausdruck der anspruchsvollen »Weltgeltung« der wilhelminischen Seemacht: »Stolz weht die Flagge schwarz-weiß-rot an unsres Schiffes Mast.« Verfaßt von einem 1824 bis 1896 lebenden Robert Linderer und komponiert von einem 1847 geborenen und 1903 verstorbenen Richard Thiele, wurde es, auf das feindliche England gemünzt, ebenfalls im Ersten Weltkrieg zu einem der populärsten Lieder.

Regionale Hymnen und Heimatlieder

Die zahlreichen Lieder, welche die Qualitäten und Schönheiten individueller deutscher Landstriche, die Eigenarten und Vorzüge der engen und weiteren Heimat preisen oder lediglich Jagd- und Soldatenlieder mit bestimmtem regionalem Bezug sind, waren nur in wenigen Fällen bis 1918 zugleich amtliche Landeshymnen einzelner Bundesstaaten. Gleichwohl gelten viele von ihnen bis heute als inoffizielle Länder-, Stammes- oder Heimathymnen der jeweiligen Gebiete, ob es nun Pommern, Thüringen, Schleswig-Holstein, Bayern, die Steiermark oder die von Friesen bewohnte Nordseeküste betrifft.

Die vermutlich ältesten Beispiele sind Volkslieder von unbekannten Urhebern: der noch aus der ersten Hälfte des 18. Jahrhunderts stammende »Jäger aus Kurpfalz« und das wahrscheinlich auf ein früheres hessisches Soldatenlied zurückgehende »Wir lustigen Braunschweiger, sein wir alle beisammen?«. Dessen Text bezieht sich offenbar auf den Zug der Schwarzen Husaren Friedrich Wilhelms von Braunschweig im Jahre 1809, des 1813 in Frankreich gefallenen Herzog Oels, eines der Haupthelden der Freiheitskriege, auf den damals auch das ebenfalls gelegentlich als braunschweigisches Nationallied geltende »Herzog Oels, der tapfre Held!« entstanden ist und von dem man gleichfalls nicht weiß, wer es gedichtet und komponiert hat. Um die Priorität der »lustigen Braunschweiger« als »Nationalhymne« gibt es seit langem zwischen den ehemaligen Bundesstaaten Hannover, wo man mit sonst fast gleichem Text »Ihr lustigen Hannoveraner« singt, und Braunschweig eine gewissermaßen innerwelfische Stammesfehde. Tatsache ist jedenfalls, daß das Hannoveranerlied nach der Annektion des Königreichs Hannover durch Preußen seit 1866 als oppositionelles antipreußisches Lied der Welfenpartei galt. Und bezeichnenderweise war es vor der Versöhnungshochzeit des Welfenerben Ernst August mit der Kaisertochter Viktoria Luise 1913 in Liederbüchern und Volksliedersammlungen beamteter preußischer Musikpädagogen nicht zu finden.

Um 1800 ist ein treuherzig-biederes waldeckisches Heimatlied von dem 1809 in der Landeshauptstadt Arolsen verstorbenen Regierungsrat Bunsen gedichtet und von dem dortigen Musikdirektor Rose vertont worden. Es besingt eine Eiche, die der damalige Fürst Georg I. von Waldeck besonders geliebt hat.

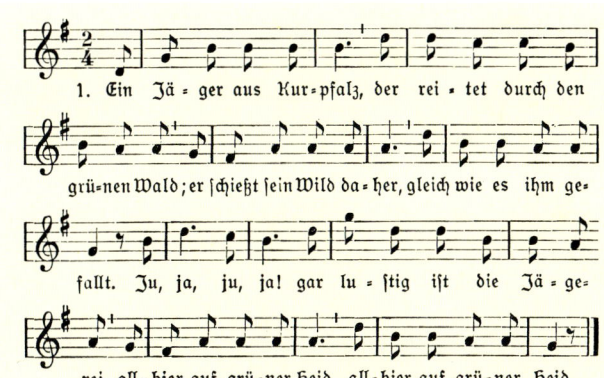

1. Ein Jä - ger aus Kur - pfalz, der rei - tet durch den grü - nen Wald; er schießt sein Wild da - her, gleich wie es ihm ge - fällt. Ju, ja, ju, ja! gar lu - stig ist die Jä - ge - rei all - hier auf grü - ner Heid, all - hier auf grü - ner Heid.

2. Auf, sattelt mir mein Pferd und legt darauf den Mantelsack, so reit' ich weit umher als Jäger von Kurpfalz.
3. Des Jägers seine Lust, das hat der Herr noch nicht gewußt wie man das Wildbret schießt: Man schießt es in die Bein'.
4. Jetzt geh' ich nicht mehr heim, bis daß der Kuckuck Kuckuck schreit, er schreit die ganze Nacht allhier auf grüner Heid'.

Rechts: »Ein Jäger aus Kurpfalz«, Postkarte aus der Zeit um 1900.

45

»Herzog Oels, der tapfre Held«, illustriertes Notenblatt aus der Zeit um 1900.

»Wir lustigen Braunschweiger«, illustriertes Notenblatt aus der Zeit um 1900.

Unter dieser Eiche laßt euch nieder!
Brüder, seht, hier ist das Mahl bereit!
Trinkt und singt; das erste eurer Lieder
Sei der Wälderkönigin geweiht!

Dir gebührt's vor allen, Rieseneiche,
Wunderkind der prächtigen Natur;
Kein Geschöpf im weiten Pflanzenreiche
Trägt wie du der Allmacht hohe Spur.

Wer vermag der Jahre Zahl zu nennen,
Die dich auf zum Himmel wachsen sah?
Wer in dunkler Vorzeit zu erkennen,
Was mit dir und um dich her geschah?

Hermann hat vielleicht vom Waffentanze
Einst in deinem Schatten ausgeruht;
Träufelnd von des Siegers Schwert und Lanze
Netzte dich der stolzen Römer Blut.

Zahllos ist des edlen Wildbrets Menge,
Das sich feist geäst an deiner Frucht;
Zahllos stehn in herrlichem Gedränge
Millionen Kinder deiner Zucht.

Selbst nach deinem Tode wirst du leben,
Umgewandelt durch des Künstlers Hand,
Wirst, ein Kriegsschiff, auf den Fluten schweben,
Schrecken bringend bis zum fernsten Strand.

Rufet einst wie ihre Kinder alle
Die Natur auch uns zur Ruh' ins Grab,
Und die Axt hat dich erreicht, so falle
Auch für uns zum Sarg ein Brettchen ab!

Als 1878 anläßlich der Hochzeit der waldeckischen Prinzessin Emma mit dem König Wilhelm der Niederlande, der Großeltern der jetzigen holländischen Königin Juliana, in Arolsen eine Landeshymne gebraucht wurde, erhob man hierzu Fürst Georgs Eichenlied.

Von 1805, aus der kurzen Spanne, in der das Fürstbistum Fulda zur Zeit Napoleons Teil des Herzogtums Nassau war, datiert folgendes Lied des Fuldaer Lyzeumsdirektors G. A. Meißner, zu dem der Kantor Michael Henkel, der zahlreiche Lieder- und Choralmelodien komponiert hat, die Musik schuf.

Wachse hoch, Oranien!
Gleich dem Eichbaum unter Stürmen,
Ob sich Wolken drohend türmen,
Ob die Winde brausend weh'n,
Wachse hoch, Oranien!

Blühe hoch, Oranien!
Völkerjoch hast du zerbrochen,
Hast Tyrannen Hohn gesprochen,
Warst der Freiheit Felsendamm;
Blühe, Nassaus Heldenstamm!

Blühe fort, Oranien!
Und vor allem leb' und prange
Wilhelm Friedrich, sei noch lange
Selbst im prüfenden Geschick
Deiner Treuen Stolz und Glück!

Wachse hoch, Oranien!
Hoch vor allen Fürstenhäusern,
Selbst vor Königen und Kaisern.
Bleibe kraftvoll, bleibe schön,
Wachse hoch, Oranien!

Es ist außer den nach God-save-the-King-Vorbildern verfaßten Fürstenhymnen die früheste im Gebiet des heutigen Bundeslandes Hessen nachweisbare Volkshymne, in dem es sonst, analog zu anderen Landstrichen, kein besonders populäres »Hessenlied« gegeben hat. Weder die 1844 anläßlich der Vermählung Herzog Adolfs von Nassau mit der Großfürstin Elisabeth von Rußland von Dräxter-Manfred verfaßte und von Conradin Kreutzer vertonte nassauische Hymne »Unsere Farben« noch das vor dem Ersten Weltkrieg von dem Darmstädter Musikprofessor Arnold Mendelssohn komponierte »Wir Hessen vergessen die Heimat nicht wieder« Georg Beckers oder das 1920 entstandene, nach dem Zweiten Weltkrieg von dem sozialdemokratischen »Landesvater« August Zinn geförderte »Ich kenne ein Land« von Karl Preser mit der Melodie von Albrecht Brede haben sich als volkstümliche hessische Landesgesänge durchsetzen können.

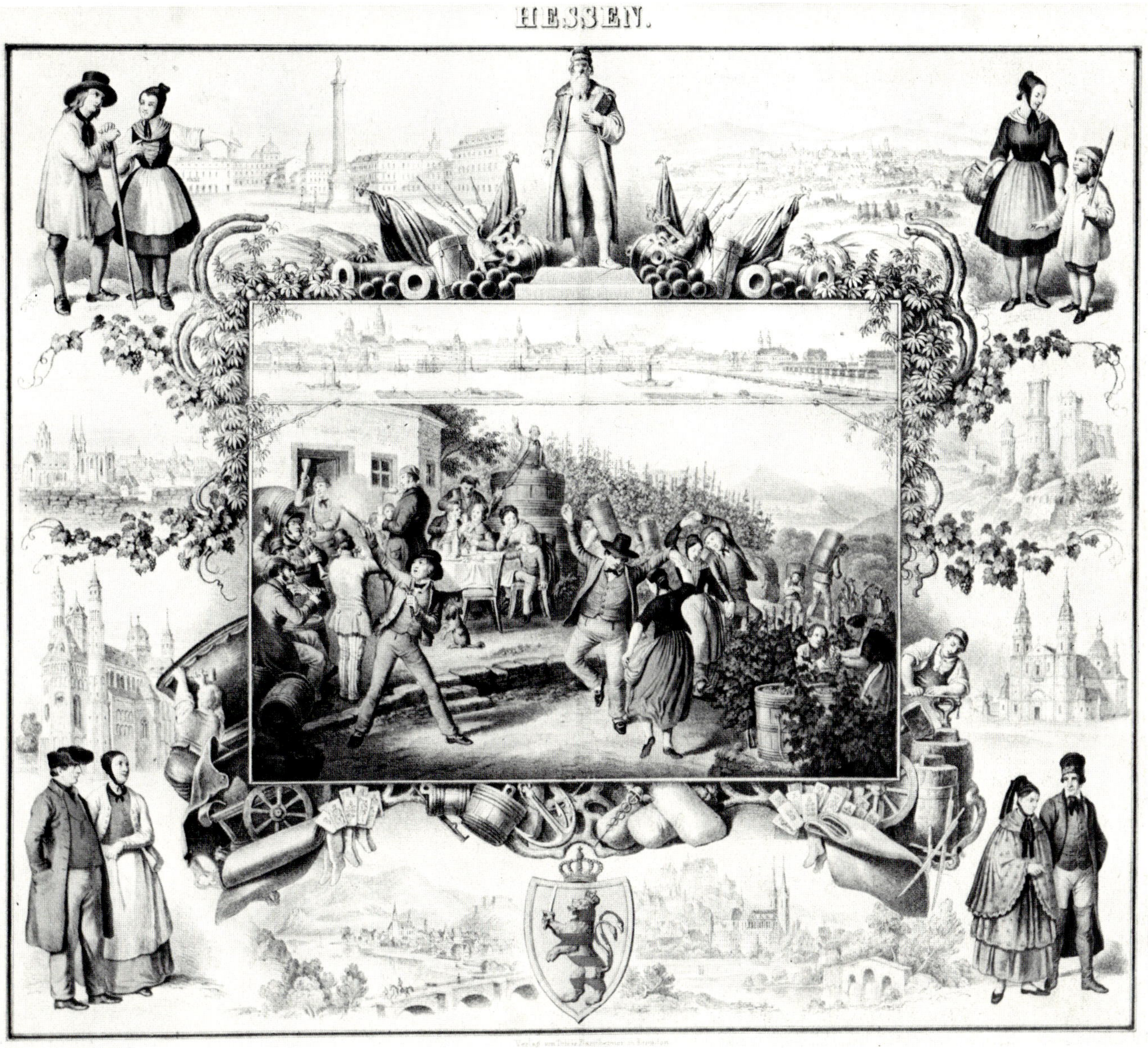

»Wir Hessen vergessen die Heimat nicht wieder«, das Blatt »Hessen« aus einer Serie von Farblithographien
deutscher Länder von der Mitte des 19. Jahrhunderts.

Der schwäbische Arzt und Dichter Justinus Kerner hat 1818 nach der Melodie des Räuberliedes »In des Waldes tiefsten Gründen« aus dem 1798 erschienenen Bestsellerroman »Rinaldo Rinaldini« von Goethes Schwager Christian August Vulpius, das nach einer älteren Volksweise gesungen wurde, das romantische Lied vom Grafen Eberhard im Barte gedichtet. »Preisend mit viel schönen Reden«, beginnt es und ist rasch zur beliebten inoffiziellen Volkshymne Württembergs geworden.

Albert Methfessel hat während seiner Tätigkeit in Hamburg den Festgesang aus dem »vaterländischen Schauspiele ›Bürgertreue‹« des als Dramen- und Novellendichter ungemein produktiven dortigen Privatschulleiters Dr. Nikolaus Bärmann in Musik gesetzt. »Als Meistersänger Runnenbeck« hat ein Herr Cornet dieses »Stadt Hamburg in der Elbe Auen« bei einer »Jubelfeier« am 29. Sepember 1828 zum ersten Male vor den Bürgern der Hansestadt ertönen lassen, die es noch heute als ihre Nationalhymne betrachten.

Das Bekenntnis: »Ich bin ein Preuße, kennt Ihr meine Farben« dichtete der 1794 in Thüringen, also nicht in Preußen, geborene Halberstädter Gymnasiallehrer Dr.

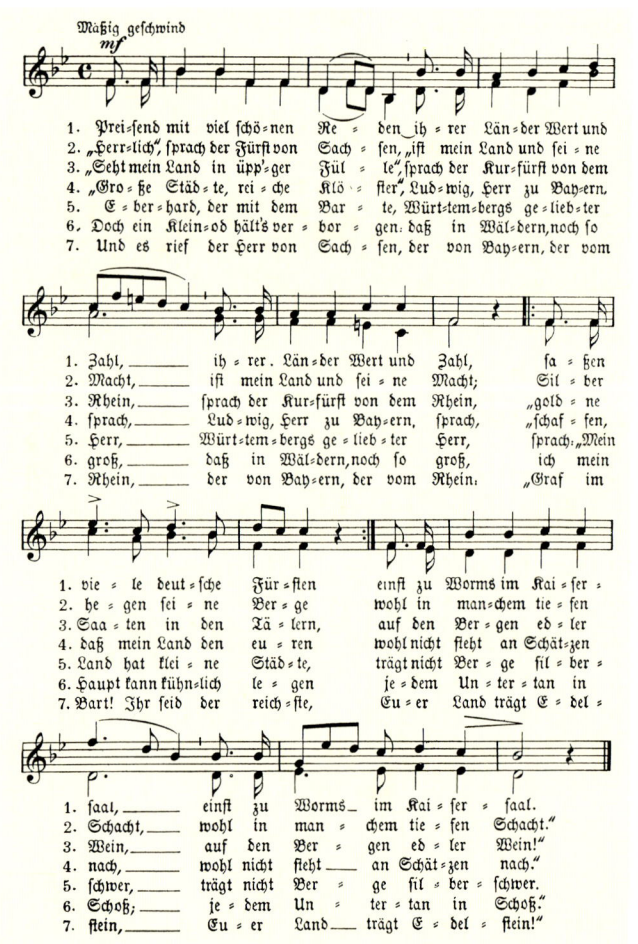

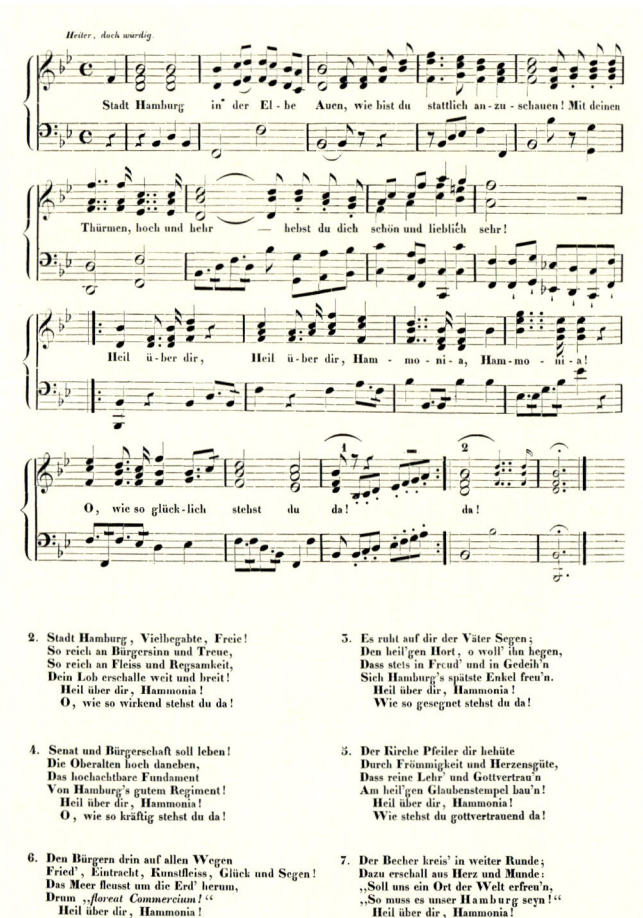

2. Stadt Hamburg, Vielbegabte, Freie!
So reich an Bürgersinn und Treue,
So reich an Fleiss und Regsamkeit,
Dein Lob erschalle weit und breit!
Heil über dir, Hammonia!
O, wie so wirkend stehst du da!

3. Es ruht auf dir der Väter Segen;
Den heil'gen Hort, o woll' ihn hegen,
Dass stets in Freud' und in Gedeih'n
Sich Hamburg's spätste Enkel freu'n.
Heil über dir, Hammonia!
Wie so gesegnet stehst du da!

4. Senat und Bürgerschaft soll leben!
Die Oberalten hoch daneben,
Das hochachtbare Fundament
Von Hamburg's gutem Regiment!
Heil über dir, Hammonia!
O, wie so kräftig stehst du da!

5. Der Kirche Pfeiler dir behüte
Durch Frömmigkeit und Herzensgüte,
Dass reine Lehr' und Gottvertrau'n
Am heil'gen Glaubenstempel bau'n.
Heil über dir, Hammonia!
Wie stehst du gottvertrauend da!

6. Den Bürgern drin auf allen Wegen
Fried', Eintracht, Kunstfleiss, Glück und Segen!
Das Meer fleusst um die Erd' herum,
Drum »floreat Commercium!«
Heil über dir, Hammonia!
O, wie gesegnet stehst du da!

7. Der Becher kreis' in weiter Runde!
Dazu erschall aus Herz und Munde:
„Soll uns ein Ort der Welt erfreu'n,
„So muss es unser Hamburg seyn!"
Heil über dir, Hammonia!
O, wie so glücklich stehst du da! Dr. Bärmann.

»Schleswig-Holstein meerumschlungen«, Neuruppiner Bilderbogen aus dem Jahre 1848.
Links oben: »Stadt Hamburg in der Elbe Auen«, Lithographie vom Titel des Erstdruckes aus dem Jahre 1828.

»Unter dieser Eiche laßt euch nieder«, kolorierte Litographie aus der Biedermeierzeit.

1. Ich bin ein Preu - ße, kennt ihr mei - ne Far - ben, die Fah - ne
2. Mit Lieb' und Treu - e nah' ich mich dem Thro - ne, von wel - chem
3. Nicht je - der Tag kann glühn im Son - nen - lich - te; ein Wölk - chen

1. schwebt mir weiß und schwarz vor - an, daß für die Frei - heit mei - ne Vä - ter
2. mild' zu mir ein Va - ter spricht; und wie der Va - ter treu mit sei - nem
3. und ein Schau - er kommt zur Zeit. Drum le - se kei - ner mir es vom Ge -

1. star - ben, das deu - ten, merkt es, mei - ne Far - ben an. Nie werd' ich bang' ver -
2. Soh - ne, so steh' ich treu mit ihm und wan - ke nicht. Fest sind der Lie - be
3. sich - te, daß nicht der Wün - sche je - der mir ge - deiht. Wohl tausch - ten nah und

poco rit.   ff

1. za - gen, wie je - ne will ich's wa - gen! Sei's trü - ber Tag sei's heit - rer Son - nen -
2. Ban - de. Heil mei - nem Va - ter - lan - de! Des Kö - nigs Ruf dring' in das Herz mir
3. fer - ne mit mir gar vie - le ger - ne; ihr Glück ist Trug und ih - re Frei - heit

1. schein, ich bin ein Preu - ße, will nur Preu - ße sein!
2. ein, ich bin ein Preu - ße, will nur Preu - ße sein!
3. Schein: ich bin ein Preu - ße, will nur Preu - ße sein!

4. Und wenn der böse Sturm mich wild umsauset, die Nacht entbrennet in des Blitzes Glut; hat's doch schon ärger in der Welt gebräuset, und was nicht bebte, war des Preußen Mut. Mag Fels und Eiche splittern, ich werde nicht erzittern; es stürm' und krach', es blitze wild darein: Ich bin ein Preuße, will nur Preu-ße sein!

5. Wo Lieb' und Treu' sich so dem König weihen, wo Fürst und Volk sich reichen so die Hand, da muß des Volkes wahres Glück gedeihen, da blüht und wächst das deutsche Vaterland. So schwören wir aufs neue dem König Lieb' und Treue! Fest sei der Bund! ja schlaget mutig ein: Wir sind ja Preußen, laßt uns Preußen sein!

Bernhard Thiersch zum Geburtstag König Friedrich Wilhelms III. am 3. August 1831 für die Harmoniegesellschaft in Halberstadt, die es an diesem Tage nach der Melodie eines Burschenschaftsliedes zum ersten Mal sang. Doch wurde es erst mit der im Jahre darauf von dem Berliner Musikdirektor und erfolgreichen königlich preußischen Militärmarschkomponisten Heinrich August Neithardt, ebenfalls einem Thüringer, geschaffenen Singweise zu der volkstümlichen preußischen Hymne, die es dann bis 1918 geblieben ist. Eine Textvariante nach 1871, in der es »Deutscher«, »schwarz-weiß-rot« und »Kaiser« hieß, hat sich als Reichshymne nicht durchsetzen können.

Von den vielen im 19. Jahrhundert entstandenen Tiroler Heimatliedern, unter denen nur »Dort wo der Ortler steht«, »Die Sehnsucht trieb mich in die Berge«, »Das schönste auf der Welt ist mein Tirolerland« und »Tirol,

Tirol, du bist mein Heimatland« erwähnt seien, ist allein das berühmte Andreas-Hofer-Lied »Zu Mantua in Banden« zu einer Art Nationalhymne geworden. Besonders seit der Abtretung Südtirols an Italien nach dem Ersten Weltkrieg wurde es als politisches Freiheitslied verstanden und entsprechend viel gesungen. Den Text schrieb 1831 ein Nichttiroler, der 1803 im Voigtland geborene Julius Mosen, der Dramaturg am Hoftheater in Oldenburg war. Von wem die 1844 zuerst nachzuweisende, als Volksweise geltende Melodie stammt, ist unbekannt.

Auch in den kleinen thüringischen Bundesstaaten hat es heimatliche Landeshymnen gegeben. In Meiningen hat 1836 der dortige Hofrat, Schriftsteller und bekannte Märchensammler Ludwig Bechstein einen »Vaterlandsgesang« gedichtet, den der damals regierende Fürst Bernhard persönlich komponierte. Erst lange nach seinem Tode aber, zur Gedenkfeier seines hundertsten Geburtstages, erhob man dieses Lied 1900 zur Landeshymne. Es lautete:

> Brüder, singt mit lautem Freudenschall
> Unsern Vaterlandsgesang,
> Daß von Berg zu Berg der Wiederhall
> Kündet unsrer Herzen Drang!
> Sachsen-Meininger, so heißen wir
> Und bleiben wir in Treu',
> Biedrer Sinn und Eintracht walten hier
> Und immer jung und neu.
>
> Unsre Farben heißen weiß und grün,
> Sind für uns ein teures Pfand;
> Unsre Herzen schlagen heiß und kühn
> Bei dem Namen Vaterland.
> Teures Land, wo unsre Wiege war,
> O wie freudig sind wir dein!
> Laß uns lieben dich für immerdar
> Und ewig treu dir sein!
>
> Schalle mächtig über Thal und Höhn,
> Unser Vaterlandsgesang!
> Unser Volk ist gut, das Land ist schön,
> Und sein Nam' hat hellen Klang.
> Ihm gehören wir; drum schwören wir
> All' mit Herz und Mund und Hand
> Unserm Herzog Treu', Treu' dem Panier:
> Hoch unser Vaterland!

Weimar hatte in Thüringen die anspruchsvollste, wenn auch wenig populäre Hymne, die Musik schuf zwischen 1848 und 1858 Franz Liszt, der in diesen Jahren dort

Hofkapellmeister war, und den Text dessen damaliger Mitarbeiter, der Dichter und Opernkomponist Peter Cornelius:

> Von der Wartburg Zinnen nieder
> Weht ein Hauch und wird zu Klängen,
> Hallt von Ilm und Saale wieder
> Hell in frohen Festgesängen.
> Und vom Land, wo sie erschallten,
> Tönt's in alle Welt hinaus:
>   Möge Gott dich stets erhalten,
>   Weimars edles Fürstenhaus!

> Hochgepries'ner Helden Wiege,
> Wirkungsstätte edler Frauen,
> Felsenfest in Leid und Siege,
> Zierest du die deutschen Gauen.
> Deiner Ahnen edles Walten
> Strömt Gedeihen auf dich aus:
>   Möge Gott dich stets erhalten,
>   Weimars edles Fürstenhaus!

> Schöne Sage deutscher Treue,
> Lebe fort in Fürst und Bauer!
> Volkes Liebe sei die neue,
> Stets lebend'ge Wartburgsmauer!
> Laßt die Banner uns entfalten,
> Heut wie einst der Zeit voraus!
>   Möge Gott dich stets erhalten,
>   Weimars edles Fürstenhaus!

Nach der Melodie von Methfessels »Stimmt an mit hellem hohen Klang« hat 1888 in dessen Heimatfürstentum Schwarzburg der Sondershausener Hofrat H. Dinkkelberg die folgende Volkshymne gedichtet:

> In Bergesluft und Waldesgrün,
> Da flattern unsre Fahnen
> Bis hoch hinauf, wo Wolken ziehn
> In blauen Himmelsbahnen!

> Es leuchtet weiß des Glaubens Hort,
> Und blau ist ja die Treue:
> So flattern fröhlich fort und fort
> Blau-weiß in deutscher Treue.

> Heil, Schwarzburg, dir, von Gottes Hand
> So köstlich ausgestattet;
> Heil dir, du sonnig Vaterland,
> Von grünem Kranz umschattet!

Heil dir, o Fürst, der treu und recht
In Gottesfurcht hier schaltet,
Dir Sproß aus edelstem Geschlecht,
Das ein Jahrtausend waltet!

Im schmucken Land ein festes Band
Soll Fürst und Volk umschlingen;
»Heil, Schwarzburg, dir!« vom Felsenrand
Zu Wald und Thal soll's klingen!

Soll klingen wie ein Jubelruf
Und wie der Sturmwind stürmen;
Was Treu' und Glauben in uns schuf,
Soll sichtbar stolz sich türmen!

Zu unserm Fürsten, unserm Herrn
Woll'n wir in Treue stehen,
Solange strahlt des Glaubens Stern
Und Gottes Lüfte wehen!

In Bergesluft und Waldesgrün
Da flattern unsre Fahnen
Bis hoch hinauf, wo Wolken ziehn
In blauen Himmelsbahnen!

Neben dieser war in Schwarzburg und in ganz Thüringen verbreitet das vor 1859 von Ludwig Storch gedichtete
und von Daniel Elster komponierte

Thüringen, du holdes Land,
Wie ist mein Herz dir zugewandt!
Deine Bergeshäupter ragen
Auf gen Himmel kühn und stolz,
Und auf ihrem Scheitel tragen
Sie der Eichen starkes Holz;
Deiner Wälder grüne Hallen
Hegen, pflegen edles Wild,
Und das Lied der Nachtigallen
Frisch aus Busch und Haine quillt.

Thüringen, du holdes Land,
Wie ist mein Herz dir zugewandt!
Silbern springt in deinen Gründen
Mancher frische Labequell,
Und durch deine Thäler winden
Bäche sich so klar und hell;
Und des Rasens Teppich breitet
Bunt sich zwischen Waldessaum,
Daß der Fuß des Wandrers gleitet
Stets auf hundertfarb'gem Raum.

Thüringen, du holdes Land,
Wie ist mein Herz dir zugewandt!
Früh auf deinen Feldern reifet
Goldner Ähren Segenswucht,
Daß, so weit das Auge reichet,
Üppig glänzt die goldne Frucht;
Jubelnd tönet uns entgegen
Arbeitsfroher Schnitter Lied,
Wann ringsum auf allen Wegen
Nun die Ernte heimwärts zieht.

Thüringen, du holdes Land,
Wie ist mein Herz dir zugewandt!
Alte, wunderbare Sagen
Nachts durch deine Wälder gehn;
Horch', von ihnen rauschen, klagen
Alte Wipfel auf den Höhn!
Auf den Bergen, in den Gründen,
Und wohin das Auge blickt,
Hat mit ihren Duftgewinden
Poesie das Land geschmückt.

Dieses Lied hat gegen Ende des vorigen Jahrhunderts
einen bis heute allgemein als Thüringische Nationalhymne
geltenden Nachfolger gefunden, der, von dem 1827 geborenen Ernst Schellenberg gedichtet und dem wenige
Jahre jüngeren Müller-Hartung komponiert, mit fast glei-
cher Zeile beginnt: »Thüringen holdes Land!«

Im thüringischen Altenburg schließlich schuf man gegen Ende des Jahrhunderts eine Hymne, über die der sie mitinspirierende Professor Boehm damals schrieb: »Aus der freudigen Begeisterung eines echtdeutschen Mannes über den Wahlsieg der nationalen Partei gegen den sozialistischen Kandidaten i. J. 1898 entstand nämlich daselbst ein Lied, welches alle Eigenschaften eines wahren Volksliedes, ja einer Landeshymne in sich trägt. Das Lied ist gedichtet von Schulrat G. Besser und infolge meiner Anregung von dem Altenburger Lehrer L. G. Platz sehr ansprechend komponiert, eine wahre Perle nationalen Gesanges, das auch im weiteren deutschen Vaterlande allgemein bekannt zu werden verdient. Es ist soeben erschienen bei Th. Körner in Altenburg unter der Bezeichnung »Heil dir, mein Altenburger Land!« (mit Klavierbegleitung M 0,75) und eignet sich sowohl textlich wie musikalisch zu einem vorzüglichen Volksliede.« Nur geworden ist sie nicht zum Volkslied, sondern blieb, trotz des Wahlsieges über die bösen Linken, bis heute so gut wie unbekannt. Sie lautete:

Vom Pleißengau zum Saalestrand
Streckt sich ein Land, so reich:
Das ist mein liebes Heimatland!
Kein andres kommt ihm gleich.
Recht wie ein Gottesgarten liegt
Es da in seinem Blühn;
Da sieht der Blick, so weit er fliegt,
Nur Saat und Waldesgrün.
　　Und treuer Heimatliebe Flammen
　　Sind hell entfacht,
　　Und Stadt und Land stehn treu zusammen
　　Und halten Wacht.

Wo sich im Ost auf Felsengrund
Erhebt des Fürsten Schloß,
Da schaffet auf ererbtem Grund
Des Bauern kräft'ger Sproß;
Da prangt die Flur in üpp'ger Füll',
Blüht manche Stadt empor,
Und mitten aus der Pracht keimt still
Des Volkes Lieb' hervor.
　　Ja, treuer Heimatliebe Flammen u. s. w.

Und wo im West als Luginsland
Die Leuchtenburg dir winkt,
Wo nerv'ge Faust und schwiel'ge Hand
Mit Müh' nur Frucht erringt,
Da wohnt ein Volk, das zäh und treu
Hängt an der Väter Art,
Das frei sich äußert ohne Scheu
Und biedern Sinn bewahrt.
　　Und treuer Heimatliebe Flammen u. s. w.

Du schönes Land in Ost und West,
Mein Altenburger Land,
Um deine Kinder schlingst du fest
Der Eintracht heilig Band!
Im Frieden wie in Kampfesnot
Stehn alle für dich ein:
»Treu und beständig bis zum Tod,«
Das soll die Losung sein!
　　Laßt unsrer Heimatliebe Flammen
　　Glühn hoch und hehr!
　　Wir halten fest und treu zusammen
　　Für Deutschlands Ehr!

So bleib' im deutschen Vaterland
Ein rechter Edelstein,
Halt' fern von dir der Zwietracht Brand,
Laß Treue nur gedeihn!

Steh' fest zu deinem Fürstenhaus,
Zum edlen Haus Wettin:
Dann strahlt dein Name weit hinaus,
Dann wirst du herrlich blühn!
   Laßt unsrer Heimatliebe Flammen
   Glühn hoch und hehr!
   Wir halten fest und treu zusammen
   Für Deutschlands Ehr'!

Aus Lübeck ist, abgesehen von Methfessels Hamburg-
lied, die älteste hansestädtische Hymne überliefert. Sie
wurde 1842 auf die Melodie des Jagdliedes »*Auf, auf zum
fröhlichen Jagen*« gedichtet, von dem 1815 in Lübeck
geborenen Emanuel Geibel, und hatte folgende Verse:

Wo volle Becher klingen
In deutscher Männer Kreis,
Da ziemt sich's wohl zu singen
Dem Vaterland zum Preis.
So sei denn heut' aufs neue
Gegrüßt mit Lied und Wort,
O Lübeck, Stadt der Treue,
Der alten Hansa Hort!

Wohlauf, und woll' in Ehren
Ergraut auch fürder stehn!
Laß auf den fernsten Meeren
Die luft'gen Flaggen wehn;
Und was an fremdem Strande
Ertauscht an Schätzen du,
Das führ' dem Vaterlande
Auf Dampfes Flügeln zu!

Und in den Mauern drinnen
Da wirk' am frommen Herd;
Dein Sinnen und Beginnen
Sei dein und Deutschlands wert!
Dem Recht gieb freie Rede,
Dem Edlen Schirm und Hort,
Dem Schlechten ew'ge Fehde,
Und »Vorwärts« sei dein Wort!

So reichet denn zur Stunde
Die Händ' euch insgesamt
Steht fest im guten Bunde,
Von Lieb' und Mut entflammt!
Wo treu die Herzen schlagen
Im fröhlichen Verein,
Da muß es blühn und tagen,
Und Gott wird mit uns sein!

Zu einer im Volke beliebten Hymne allerdings ist das
Geibellied ebensowenig geworden wie das 1907 von dem
Lübecker Bataillonskommandeur Oskar Haevernick ver-
faßte und von dem Mittelschulrektor Hermann Gottschalk
vertonte »*Rausche Woge, vor dem Winde flieg mein
Schiff*«, das vorübergehend bei den Lübecker Truppen im
Ersten Weltkrieg beliebt war.

Mit einem Vers auf Lübeck beginnt auch das um etwa
1850 von dem dortigen Arzt Dr. von Bippen gedichtete
»*Hansalied*«, das jeder der drei Hansestädte eine Strophe
widmete und vor 1870 von allen Hanseaten nach einer
heute nicht mehr bekannten Melodie viel gesungen worden sein soll. Die Strophen heißen:

Wo der Ostsee Woge brauset
An die alte Hansastadt,
Wo der schwarze Adler hauset,
Der der Franken Joch zertrat;
   Dort ist die Heimat, ihr töne unser Sang:
   Heil dir, Lubekia, beim frohen Becherklang!

Wo am grünen Elbestrande
Die drei roten Türme stehn,

Wo aus jedem fernen Lande
Aller Völker Flaggen wehn;
   Dort ist die Heimat, ihr töne unser Sang:
   Heil dir, Hammonia, beim frohen Becherklang!

Wo den Schlüssel zu der Feste
Treu' und Redlichkeit bewahrt,
Wo bei jedem frohen Feste
Wohlthun sich mit Freude paart:
   Dort ist die Heimat, ihr töne unser Sang:
   Heil dir, O Brema, beim frohen Becherklang!

Auch auf die Hansestadt Bremen hat es eine eigene, heute zwar vergessene Hymne gegeben, das nach 1870 von dem bremischen Reichstagsabgeordneten Hermann Frese verfaßte und nach einer russischen Soldatenweise gesungene Lied

Seht ihr die Löwen an dem Schilde,
Der einen mächt'gen Schlüssel trägt?
Mir wird bei diesem Wappenbilde
Der Stolz erhöht, das Herz bewegt.

Dies Wappen ist das stolze Zeichen
Der alten treuen Hansastadt,
Die übers Meer zu allen Reichen
Ihr Rot und Weiß getragen hat.

Hell glänzte in dem Hansabunde
Der Brema Schlüssel alle Zeit;
Auch heut strahl' er in unsrer Runde
In alter Macht und Herrlichkeit!

Der brave Schlüssel will bezeugen,
Daß gern er öffnet gastlich Thor;
Doch nimmer soll den Bart er beugen
Der Willkür! Da sei Gott davor!

Gieb gern dem Kaiser, was dem Kaiser,
Du treue Stadt im deutschen Land,
Und pflück' dir neue Ehrenreiser
Durch schlichter Bürger thät'ge Hand!

Wir aber singen dir zu Ehren:
»Hell glänz' dein Schild, und gutes Recht
Mög' sich in Bremens Schoß bewähren
Bis zu dem fernesten Geschlecht!«

1841 komponierte der 1808 geborene Schweizer Pater Alberich, der mit bürgerlichem Namen Josef Zwyssig

SCHWEIZERPSALM

Trittst im Morgenrot daher,
Seh' ich dich im Strahlenmeer,
Dich, du Hocherhabener, Herrlicher!
Wenn der Alpen Firn sich rötet,
Betet, freie Schweizer, betet.
Eure fromme Seele ahnt
Gott im hehren Vaterland!
Gott, den Herrn, im hehren Vaterland!

Kommst im Abendglühn daher,
Find' ich dich im Sternenheer,
Dich, du Menschenfreundlicher, Liebender!
In des Himmels lichten Räumen
Kann ich froh und selig träumen;
Denn die fromme Seele ahnt
Gott im hehren Vaterland!
Gott, den Herrn, im hehren Vaterland!

Ziehst im Nebelflor daher,
Such' ich dich im Wolkenmeer,
Dich, du Unergründlicher, Ewiger!
Aus dem grauen Luftgebilde
Bricht die Sonne klar und milde,
Und die fromme Seele ahnt
Gott im hehren Vaterland!
Gott, den Herrn, im hehren Vaterland!

Fährst im wilden Sturm daher,
Bist du selbst uns Hort und Wehr,
Du, allmächtig Waltender, Rettender!
In Gewitternacht und Grauen
Laßt uns kindlich ihm vertrauen!
Ja, die fromme Seele ahnt
Gott im hehren Vaterland!
Gott, den Herrn, im hehren Vaterland.

hieß, den von dem gleichaltrigen L. Widmer gedichteten »Schweizerpsalm« mit der Anfangszeile »Trittst im Morgenrot daher, seh ich dich im Strahlenmeer«, das neben dem nach »God save the King« zu singenden »Rufst du mein Vaterland« des Professors Wyß von 1811 zum Nationallied der deutschen Schweiz geworden ist. Beide Schweizer Hymnen sind durchaus Zeugnisse der jeweils

»Schleswig-Holstein meerumschlungen«, Neuruppiner Bilderbogen aus dem Jahre 1848.

LIED.

M.M. ♩=108. *Mit Kraft und Feuer.*

GESANG.

Schleswig-Holstein, meer-um-schlungen, deutscher Sit-te ho-he Wacht! Wah-re treu, was schwer er-run-gen, bis ein schö'rer Mor-gen

PIANO.

tagt! Schleswig-Hol-stein, stamm-ver-wandt, wanke nicht, mein Va-ter-land. Schleswig-Hol-stein, stamm-ver-wandt, wanke nicht, mein Va-ter-land.

CHOR.

2.

Ob auch wild die Brandung tose,
Fluth auf Fluth, von Bai zu Bai:
O, lass blühn in deinem Schoosse
Deutsche Tugend, Deutsche Treu'!
Schleswig-Holstein, stammverwandt,
Bleibe treu, mein Vaterland!

CHOR. Schleswig-Holstein, etc.

3.

Doch, wenn inn're Stürme wüthen,
Drohend sich der Nord erhebt?
Schütze Gott die holden Blüthen,
Die ein mild'rer Süd belebt!
Schleswig-Holstein, stammverwandt,
Stehe fest, mein Vaterland!

CHOR. Schleswig-Holstein, etc.

4.

Gott ist stark auch in den Schwachen,
Wenn sie gläubig ihm vertraun;
Zage nimmer, — und dein Nachen
Wird trotz Sturm den Hafen schaun!
Schleswig-Holstein, stammverwandt,
Harre aus, mein Vaterland!

CHOR. Schleswig-Holstein, etc.

5.

Von der Woge, die sich bäumet
Längs dem Belt, am Ostseestrand,
Bis zur Fluth, die ruhlos schäumet
An der Düne flücht'gem Sand:
Schleswig-Holstein, stammverwandt,
Stehe fest, mein Vaterland!

CHOR. Schleswig-Holstein, etc.

6.

Und wo an des Landes Marken
Sinnend blinkt die Königsau.
Und wo rauschend stolze Barken
Elbwärts ziehn zum Holstengau:
Schleswig-Holstein, stammverwandt,
Bleibe treu, mein Vaterland!

CHOR. Schleswig-Holstein, etc.

7.

Theures Land, du Doppel-Eiche
Unter einer Krone Dach,
Stehe fest und nimmer weiche
Wie der Feind auch dräuen mag!
Schleswig-Holstein, stammverwandt,
Wanke nicht, mein Vaterland!

CHOR. Schleswig-Holstein, etc.

»Schleswig-Holstein meerumschlungen«, Erstdruck aus dem Jahre 1848.

Rechts: »Ihr mögt den Rhein, den stolzen, preisen«, Postkarte aus dem Jahre 1900.

auch in Deutschland herrschenden Zeitströmungen: die ältere Ausdruck der Opposition gegen Napoleon und die jüngere der die Heimat verherrlichenden Romantik des späteren Biedermeier.

Ein vor allem politisches Lied ist »Schleswig-Holstein meerumschlungen«, das der 1772 in Muskau in der Oberlausitz geborene Carl Gottlieb Bellmann, damals Musikdirektor in Schleswig, zum dortigen Sängerfest am 24. Juli 1844 komponierte und singen ließ. Der Text stammt von dem als Sohn eines Predigers im holsteinischen Barmstedt 1815 geborenen Matthias Friedrich Chemnitz und verwendete Verse des Berliners Carl Friedrich Straß aus dem Jahre 1842, die begonnen hatten: »Schleswig-Holstein, schöne Lande, wo mein Fuß die Welt betrat«. Straß selbst hat 1852 das Zustandekommen des Textes wie folgt erklärt: »Mit diesem Liede hat es eine eigne Bewandniss. Der Unterzeichnete ist zwar dessen erster Urheber, aber nicht dessen Verfasser in der gegenwärtigen Gestalt. Die Sache ist diese. Im Jahre 1842 sollte der Unterzeichnete

einem Liederfeste in Schleswig beiwohnen. Kränklichkeit zwang ihn aber nach Marienbad zu gehen; um jedoch seine Theilnahme zu bezeigen, sandte er drei Lieder, unter welchen eins war, das, vom Musikdirector Bellmann componiert, bei dem Gesang-Feste lebhaften Beifall fand. Dieses Lied, dessen ursprünglichen Text der Unterzeichnete nicht mehr aufzufinden vermag, wurde vom Herrn Advocaten Chemnitz zu Schleswig nach den Local- und Zeitverhältnissen umgearbeitet und ist später so glücklich gewesen, zum Volksliede zu werden. Obiger Text ist grösstentheils Eigenthum des Herrn Chemnitz.«

Für das heute verschollene Chemnitzsche Originalmanuskript wurden übrigens 1896 im Berliner Antiquariatshandel 90 Goldmark gezahlt.

Die Koinzidenz der Paulskircheneuphorie nach der Märzrevolution und des Konfliktes mit Dänemark bewirkten, daß das Lied 1848, wie auch später wieder während des deutsch-dänischen Krieges 1864, in ganz Deutschland mit ungemeiner Begeisterung gesungen wurde.

Im gleichen Jahr wie das Schleswig-Holstein-Lied ist das Heimatlied der Steiermark »Hoch vom Dachstein an« entstanden, verfaßt 1844 von Jacob Dirnböck und »auf Ansuchen für den Jubeltag des 25-jährigen Bestehens der

Westfalen-Gruss

PORTA WESTFALICA

C. W. Tasche. Steinhagen.

Westfalenlied.

1. Ihr mögt den Rhein, den stolzen, preisen, der in dem Schoß der Reben liegt; wo in den Bergen ruht das Eisen, da hat die Mutter mich gewiegt. Hoch auf dem Fels die Tannen stehn, im grünen Thal die Herden gehn, als Wächter an des Hofes Saum reckt sich empor der Eichenbaum. Da ist's, wo meine Wiege stand! O grüß dich Gott, Westfalenland.

2. Wir haben keine süßen Reden und schöner Worte Überfluß und haben nicht so bald für jeden den Brudergruß und Bruderkuß. Wenn du uns willst willkommen sein, so schau aufs Herz, nicht auf den Schein, und sieh uns grad hinein ins Aug! Gradaus, das ist Westfalenbrauch! Es fragen nichts nach Spiel und Tand die Männer in Westfalenland.

3. Und unsre Frauen, unsre Mädchen, mit Augen, blau wie Himmelsgrund, sie spinnen nicht die Liebesfädchen zum Scherz nur für die müßge Stund! Ein frommer Engel Tag und Nacht, hält tief in ihrer Seele Wacht, und treu in Wonne, treu im Schmerz bleibt bis zum Tod ein liebend Herz! Glückselig, wessen Arm umspannt ein Liebchen aus Westfalenland!

4. Behüt dich Gott, du rote Erde, du Land von Wittekind und Teut! Bis ich zu Staub und Asche werde, mein Herz sich seiner Heimat freut. Du Land Westfalen, Land der Mark, wie deine Eichenstämme stark, dich segnet noch der blasse Mund im Sterben, in der letzten Stund! Du Land, vom Rhein bis Weserstrand, o grüß dich Gott, Westfalenland!

Emil Rittershaus.

»Nun ade, du mein lieb Heimatland«, Farbdruck vom Ende des 19. Jahrhunderts.

steiermärkischen Landwirthschaftsgesellschaft« komponiert von dem Grazer Domorganisten Ludwig Carl Seydler.

Das »Zollernlied«, noch heute in den hohenzollernschen Landen populär, hat ein 1825 in Hechingen geborener, poetisch und musikalisch begabter Postbeamter namens Hermann Vitalowitz 1849 geschaffen. Erst als Greis hat er sich 1908, nachdem sich das Lied zunächst unter den preußischen »Besatzungs«-Soldaten und dann in der ganzen Bevölkerung seit Jahrzehnten großer Beliebtheit erfreute, in einer Zeitungszuschrift als Urheber bekannt. Die von ihm zuerst gedichteten beiden Strophen, die später durch weitere vermehrt und in mündlicher Verbreitung vielfach verändert wurden, lauteten ursprünglich:

Nicht weit von Württemberg und Baden
Und auch der wunderschönen Schweiz,
Da liegt ein Berg so hoch erhaben,
Den man den Hohenzollern heißt.
Er schaut herab so stolz und schön
Auf alle, die vorübergeh'n –
Auf Hohenzollerns steilem Felsen,
Wo unverzagt die Eintracht ruht.

Von diesem Berg da geht die Sage,
Die sich ins ferne Land erstreckt,
Und mancher Vater hat die Klage,
Die sich auf seinen Sohn erstreckt.

Man nimmt ihn fort ins ferne Land,
Sein Liebchen glaubt, er sei verbannt –
Auf Hohenzollerns steilem Felsen,
Wo unverzagt die Eintracht ruht.

Nach der Melodie zu »Freiheit, die ich meine« von Karl Groos dichtete 1850 Adolf Pompe das Pommernlied

Wenn in stiller Stunde
Träume mich umwehn,
bringen frohe Kunde
Geister ungesehn,
reden von dem Lande
meiner Heimat mir,
hellem Meeresstrande,
düsterm Waldrevier.

Weiße Segel fliegen
auf der blauen See,
weiße Möwen wiegen
in der blauen Höh;
blaue Wälder krönen
weißer Dünen Sand.
Vaterland, mein Sehnen
ist dir zugewandt.

Aus der Ferne wendet
sich zu dir mein Sinn,
aus der Ferne sendet
trauten Gruß er hin.
Traget, laue Winde,
meinen Gruß und Sang,
wehet leis und linde,
treuer Liebe Klang!

Bist ja doch das eine
in der ganzen Welt,
du bist mein, ich deine,
treu dir zugesellt.
Kannst ja doch von allen,
die ich je gesehn,
mir allein gefallen,
Vaterland, o schön!

Jetzt bin ich im Wandern,
bin bald hier, bald dort;
doch aus allen andern
treibt michs immerfort.
Bis in dir ich wieder
finde meine Ruh',
send' ich meine Lieder
dir, o Heimat, zu.

Rechte Seite: »Gott mit dir, du Land der Bayern«, Postkarte aus der Zeit um 1900.

Etwa um dieselbe Zeit ist das »Anhaltlied« des fürstlichen Kammerherrn und Forstmeisters Alexander von Marèes entstanden und von dem Kapellmeister Karl Appel komponiert worden, das in den Schulen des Landes seit 1878 zum obligatorischen Pensum der Singstunden gehörte. Es lautete:

Du schönes Land, das mich geboren,
Dir hab' ich Treue zugeschworen;
mit Stolz mach' ich es laut bekannt:
Du, Anhalt, bist mein Vaterland!

Wie oft schon ist dein Ruhm erklungen!
Die Welten hat er längst durchdrungen;
Drum heiß für dich in Lieb' entbrannt
Ist, wer dich nennt sein Vaterland!

Mag Treue rings und Glauben wanken,
Siegt überall der Trug der Franken:
Ich halte fest der Liebe Band;
Denn Anhalt ist mein Vaterland!

Dein Name wird mich in Gefahren
Vor Schimpf und Schande stets bewahren.
Wenn alles weicht halt ich noch stand;
Denn Anhalt ist mein Vaterland!

Und trifft mich einst die Todeswunde,
So halt' ich in der letzten Stunde
Vertrauensvoll an Gottes Hand;
Denn Anhalt ist mein Vaterland!

Und ein für die Jahrhundertmitte besonders typisches, von Wanderern, Soldaten und Handwerksburschen viel

gesungenes, regional nicht gebundenes deutsches Heimatlied ist das 1850 von dem 1829 in Soest geborenen Berliner Pfarrer August Disselhoff nach einer Volksweise unbekannter Herkunft gedichtete »Nun ade, du mein lieb Heimatland«. Es hat seinerzeit ähnliche Beliebtheit erlangt wie später seit etwa 1900 das angeblich vom Niederrhein stammende »Kein schöner Land in dieser Zeit«, dessen Verfasser, Komponist und Entstehungsjahr unbekannt sind.

»Ons Hemecht – Unsere Heimat«, die noch heute amtliche Nationalhymne des ehemaligen deutschen Bundesstaates Luxemburg wurde im moselfränkischen Dialekt 1859 gedichtet von Michael Lentz und komponiert von dem 1897 verstorbenen J. A. Zinnen. Sie beginnt: »Wo d'Uelzecht durch d'Wiesen zet, durch d'Fielzen d'Sauer brecht«, was hochdeutsch heißt: »Wo die Alzette durch die Wiesen zieht, durch die Felsen die Sauer bricht.«

Die dagegen vermutlich einzige innerhalb der Bonner Republik heute noch lebendige Landeshymne eines deutschen Teilstaates, die als solche vor dem Deutschlandlied allnächtlich nach Sendeschluß von München aus durch den Äther erklingt, ist das 1861 von Michael Oechsner gedichtete »Gott mit dir, du Land der Bayern!«. Die seit langem allein übliche Melodie schuf der 1812 in der Oberpfalz geborene Konrad Max Kunz, der seit 1845 Chordirigent am Münchener Hof- und Nationaltheater war. Etliche Vertonungen, auch eine Hans von Bülows, des Freundes und Münchener Mitarbeiters Richard Wagners, hatten wenig Erfolg und sind heute vergessen. Teilweise be-

2. Da haben wir so manche Stund' gesessen da in frohem Rund, und taten singen, die Lieder klingen im Eichengrund!

3. Daß wir uns hier in diesem Tal noch treffen so viel hundertmal: Gott mag es schenken, Gott mag es lenken, der hat die Gnad'.

4. Jetzt, Brüder, eine gute Nacht, der Herr im hohen Himmel wacht, in seiner Güten uns zu behüten, hat er bedacht!

Verlassen bin i

Erstdruck aus dem Jahre 1861.

kannt dagegen ist noch das zwar nicht mehr viel gesungene Lied »*Bayern, o Heimatland*«, verfaßt von F. Beck und 1848 komponiert von Franz Lachner.

Der Rheinländer und Dichter zahlreicher Rheinlieder, Emil Rittershaus, geboren 1834 in Barmen als Sohn eines dortigen Fabrikanten, ist der Verfasser des Westfalenliedes, in dem er die Vorzüge des Landes der »roten Erde« gegenüber dem – auch von ihm – so oft besungenen Rhein hervorhebt. Die Melodie komponierte Peter Johannes Peters, der Text entstand 1868.

Auf die Melodie des Volksliedes »*In die Ferne möcht ich ziehen*« dichtete W. Aschersleben folgende Strophen des sogenannten »*Bergischen Nationalliedes*«:

> *Land der Heimat, Land der Berge!*
> *Liebend schlägt mein Herz dir zu!*
> *Fünfzehn Sommer brannten nieder,*
> *nimmer sah mein Aug' dich wieder,*
> *doch mein Sehnen – warst nur du.*

Land der Heimat, Land der Berge!
Freudig wallt mein Herz dir zu!
Unter Deutschlands hundert Gauen
bot sich keiner mir zu schauen
reich und blühend, so wie du.

Land der Heimat, Land der Berge!
Sanfter schlägt mein Herz dir zu!
Ach, ich fühl's, in deinen Grenzen
wird der Liebe Stern mir glänzen:
Wer hat Töchter hold – wie du?

Land der Heimat, Land der Berge!
Stolzer schlägt mein Herz dir zu!
Recht und Freiheit hört' ich preisen
dort und hier – trotz allem Gleißen
ist kein Staat so frei wie du.

Land der Väter, Land der Berge!
Allem Fremden schwör ich ab,

»Kein schöner Land in dieser Zeit«, Steindruck aus der Zeit vor dem Ersten Weltkrieg.

in dir will ich – für dich leben,
rastlos wirken, rastlos streben,
und in dir sei einst mein Grab.

Spätestens gegen Ende des 19. Jahrhunderts ist entstanden das vermutlich auf ein Soldatenlied zurückgehende, im Marschtempo zu singende badische Heimatlied »Das schönste Land in Deutschlands Gaun«, dessen Urheber unbekannt sind.

Auch von »Lippe-Detmold«, einem studentischen Ulklied aus wilhelminischer Zeit, das gleichwohl im Ländchen Lippe in gelassener Selbstironie als Nationalhymne betrachtet wird, kennt man weder Verfasser noch Komponist.

Und die unernsten Berliner sehen den erfolgreichen immergrünen Schlager der Jahrhundertwende »Das macht die Berliner Luft« aus Paul Linckes gleichnamiger Operette von 1904, dessen saloppe Verse Heinz Bolten-Baeckers schrieb, als ihren Nationalgesang an, wofür daneben allerdings auch der von Walch komponierte preu-

ßische Armeemarsch 113, der sogenannte Petersburger Marsch gilt mit dem populären Text eines nicht bekannten Jargonpoeten:

»Denkste denn, denkste denn,
du Berliner Pflanze,
denkste denn, ick liebe dir,
wenn ick ooch mit dir tanze«!

Nach dem Ersten Weltkrieg dichtete dann im abgetrennten Saargebiet nach der Melodie des vermutlich aus dem Erzgebirge stammenden alten Bergmannsliedes »Glück auf, glück auf« der 1900 in Trier geborene Saarbrücker Lehrer Hanns Maria Lux das Lied »Deutsch ist die Saar«. Es wurde im Abstimmungsjahr 1934, mit großem Propagandaaufwand durch Rundfunk, Schulen und singende SA-Kolonnen verbreitet, im ganzen Reich zum politischen Ohrwurm des Jahres, wie es ähnlich einst die patriotischen Rheingesänge und »Schleswig-Holstein meerumschlungen« gewesen waren.

Als nach dem Zweiten Weltkrieg das Saargebiet mit

3. Und unsre Frauen, unsre Mädchen, mit Augen blau wie Himmelsgrund, sie spinnen nicht die Liebesfäden zum Scherze für die müß'ge Stund'! Ein frommer Engel Tag und Nacht hält tief in ihrer Seele Wacht, und treu in Wonne, treu in Schmerz, bleibt bis zum Tod ein liebend Herz; Glückselig, wessen Arm umspannt ein Liebchen aus Westfalenland! Glückselig, wessen Arm umspannt ein Liebchen aus Westfalenland!

4. Behüt' dich Gott, du rote Erde, du Land von Wittekind und Teut; bis ich zu Staub und Asche werde, mein Herz sich seiner Heimat freut'! Du Land Westfalen, Land der Mark, wie deine Eichenstämme stark, dich segnet noch der blasse Mund im Sterben in der letzten Stund'! Land zwischen Rhein und Weserstrand, o, grüß dich Gott, Westfalenland! Land zwischen Rhein und Weserstrand, o, grüß dich Gott, Westfalenland!

2. Zu Haslach gräbt man Silbererz,
Bei Freiburg wächst der Wein,
Im Schwarzwald schöne Mädchen:
Ein Badner möcht ich sein.
Drum usw.

3. In Karlsruh ist die Residenz,
In Mannheim die Fabrik,
In Rastatt ist die Festung,
Und das ist Badens Glück.
Drum usw.

4. Der Bauer und der Edelmann,
Das stolze Militär
Die schau'n einander freundlich an,
Und das ist Goldes wert.
Drum usw.

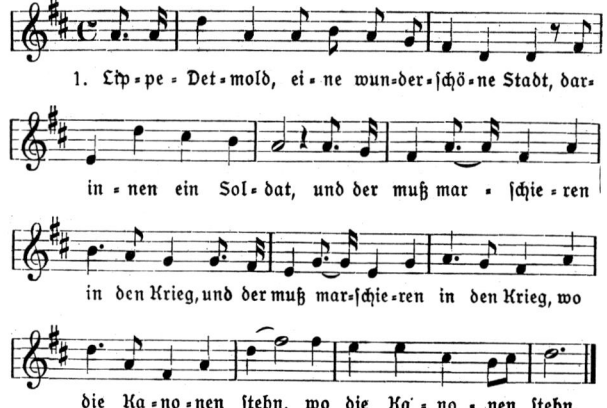

2. Und als er in die große Stadt rein kam wohl vor des Hauptmanns Haus, der Hauptmann schaut zum Fenster raus: „Mein Sohn, bist du schon da?"

3. „Na, dann geh mal gleich zu deinem Feldwebel hin und zieh den Blaurock an! Denn du mußt marschieren wohl in den Krieg, wo die Kanone steht."

4. Und als er in die große Schlacht rein kam, da fiel der erste Schuß (bum, bum). Da liegt er nun und schreit so sehr, weil er getroffen ist.

5. „Ach Kam'rad, liebster Kam'rad mein, schreibe du einen Schreibebrief! Schreibe du, schreibe du an meinen Schatz, daß ich erschossen bin!"

6. Kaum daß er diese Worte ausgesprochen hatte, da fiel der zweite Schuß (bum, bum). Da liegt er nun und schreit nicht mehr, weil er erschossen ist.

7. Als das der General erfuhr, da rauft er sich den Bart: „Womit soll ich führen meinen Krieg, weil mein Soldat ist tot!"

ungewisser staatsrechtlicher Zukunft unter französischer Protektion stand und man anläßlich eines Fußballländerspiels Saarland–Schweiz eine Nationalhymne brauchte, entsann man sich eines von R. Limberger vermutlich 1892 gedichteten und 1921 von dem seinerzeit in Saarbrücken wirkenden Musiklehrer Karl Hogrebe vertonten Liedes. Es lautet:

Ich weiß, wo ein liebliches, freundliches Tal,
Von waldigen Bergen umgeben,
Da blitzen die Wellen im Sonnenstrahl,
Es blühn auf den Hügeln die Reben,
Und Dörfer und Städte auf grünender Flur,
Und Menschen von kernigem Schlage,
Das ist meine Heimat im Lande der Saar,
laut preis' ich sie all' meine Tage.

Wer einmal gewandert am Ufer der Saar
Und einmal den Saarwein getrunken,
Wem einmal die Blicke der Mädchen so klar
In die glühende Seele gesunken,
Der zieht nicht mehr weiter,
Es sagt ihm so wahr das Herz mit gewaltigem Schlage:
Hier ist meine Heimat im Lande der Saar,
Laut preis' ich sie all' meine Tage.

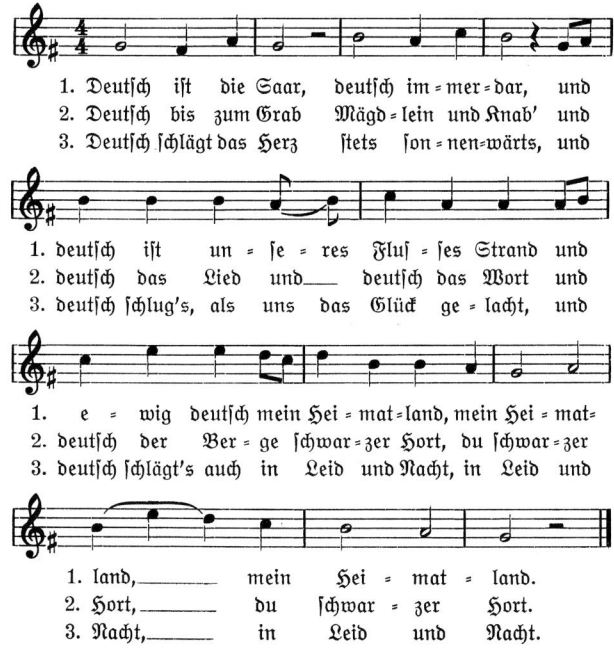

1. Deutſch iſt die Saar, deutſch im=mer=dar, und
2. Deutſch bis zum Grab Mägd=lein und Knab' und
3. Deutſch ſchlägt das Herz ſtets ſon=nen=wärts, und

1. deutſch iſt un=ſe=res Fluſ=ſes Strand und
2. deutſch das Lied und__ deutſch das Wort und
3. deutſch ſchlug's, als uns das Glück ge=lacht, und

1. e=wig deutſch mein Hei=mat=land, mein Hei=mat=
2. deutſch der Ber=ge ſchwar=zer Hort, du ſchwar=zer
3. deutſch ſchlägt's auch in Leid und Nacht, in Leid und

1. land,_____ mein Hei=mat=land.
2. Hort,_____ du ſchwar=zer Hort.
3. Nacht,_____ in Leid und Nacht.

4. Reicht euch die Hand, ſchlinget ein Band um junges Volk, das deutſch ſich nennt, in dem die deutſche Sehnſucht brennt, |: die Sehnſucht brennt. :|

5. Ihr Himmel, hört, jung Saarvolk ſchwört, ſo laſſet uns in den Himmel ſchrei'n: „Wir wollen niemals Knechte ſein, |: nie Knechte ſein!" :|

O Saarland, du Kleinod von strahlender Pracht,
Du Grenzmark der deutschen Gefilde: wir halten
in Treuen wohl über dich Wacht,
Es dient jede Brust dir zum Schilde!
So kling' es denn stolz in die Lande hinaus,
Wenn freudigen Herzen ich's sage:
Hier ist meine Heimat im Lande der Saar,
Laut preis' ich sie all' meine Tage.

Die letzte Strophe indessen hielt man nicht mehr für zeitgemäß, und sie kam daher laut Kabinettsbeschluß der damaligen Regierung Hoffmann vom 29. November 1950 »in Wegfall«. Schließlich dichtete Hogrebe im Auftrag der Regierung zwei Ersatzstrophen. Diese 1950 eingeführte Landeshymne des Saarlandes ist auch nach dessen Wiedervereinigung mit der Bundesrepublik bisher nicht außer Kraft gesetzt worden und demnach kurioserweise die einzige amtliche »Nationalhymne« eines heutigen Bundeslandes – obgleich ein jüngeres regierungsinternes Saarbrücker Gutachten feststellt: »Das Lied erscheint durch seine offizielle Verwendung in der Hoffmann-Ära politisch belastet.« Man kennt und singt es heute an der Saar kaum noch, im Gegensatz zu »*Deutsch ist die Saar*«, von dem es im gleichen Gutachten heißt: »Durch seine Strapazierung unter der NS-Herrschaft erscheint es, ob-

Marsch

1. Von der We-ser bis zur El - be, von dem Harz bis an das Meer ste - hen Nie-der-sach-sens Söh-ne: ei-ne fe-ste Burg und Wehr. Fest wie un - sre Ei-chen hal-ten al-le-zeit wir stand, wenn Stür-me brau-sen ü-bers deut-sche Va - ter - land. Wir sind die Nie-der-sach-sen, sturm-fest und erd-ver-wach-sen heil Her-zog Wit-te-kinds Stamm! Stamm!

Kehr ich einst zur Hei-mat wie-der, früh am Mor-gen, wenn die Sonn' auf-geht, schau ich dann ins Tal her-nie-der, wo vor ei-ner Tür ein Mäd-lein steht. Da seufzt sie still, ja still und flü-stert lei - se: Mein Schle-sier-land, mein Hei-mat-land! so von Na-tur, Na-tur in al-ter Wei - se: wir sehn uns wie-der, mein Schle - sier - land, wir sehn uns wie-der mein Schle-sier - land! am O-der-strand! Heut

Wo fielen die römischen Schergen?
Wo versank die welsche Brut?
In Niedersachsens Bergen,
an Niedersachsens Wut.
Wer warf den römschen Adler nieder in den Sand?
Wer hielt die Freiheit hoch im deutschen Vaterland?
Wir sind die . . .

Auf blühend roter Heide
starben einst viel tausend Mann,
für Niedersachsentreue
traf sie des Franken Bann.
Vieltausend Brüder fielen von des Henkers Hand
vieltausend Brüder für ihr Niedersachsenland!
Wir sind die . . .

Aus der Väter Blut und Wunden
wächst der Söhne Heldenmut,
Niedersachsen solls bekunden:
für die Freiheit Gut und Blut!
Fest wie unsre Eichen halten allezeit wir stand,
wenn Stürme brausen übers deutsche Vaterland.
Wir sind die . . .

»Stoßet an und ruft einstimmig: Hoch das deutsche Vaterland!« lautet die von Heinrich Hoffmann von
Fallersleben gedichtete Alternative zum Schlußvers seines Deutschlandliedes, Aquarell von O. Zwintscher
aus dem Jahre 1897.

»Die Fahne hoch!«, Titelblatt einer Marschpartitur aus den dreißiger Jahren.

wohl der Text kein nationalsozialistisches Gedankengut enthält, als politisch belastet. Außerhalb unseres Landes wird es noch immer als *das* Lied der Saarländer aufgefaßt.«

Bevorzugten Platz in den SA-Liederbüchern der Hitlerzeit nahmen einige damals neuere, im Marschtempo zu singende deutsche Stammeslieder ein, die zum Teil bis heute als solche gelten. Zu ihnen gehört das von dem 1885 im Harz geborenen Braunschweiger Musiklehrer Hermann Grote 1927 gedichtete und komponierte Niedersachsenlied *»Von der Weser bis zur Elbe«*, das von Georg Büchsenschütz verfaßte und vertonte *»Märkische Heide«*

Singen mit heiligem Herzen!

Singstimme

1. Land der dunk - len Wäl - der
2. Star - ke Bau - ern - schrei - ten
3. Und die Mee - re - rau - schen
4. Tag ist auf - ge - gan - gen

Klavier

F   a   g   C

1. und kri - stall - nen Seen.   ü - ber wei - te
2. hin - ter Pferd und Pflug.   ü - ber Äk - ker
3. den Cho - ral der Zeit.   El - che stehn und
4. ü - ber Haff und Moor   Licht hat an - ge

d   B   F   d   F   C

1. Sel - der - lich - te Wun - der gehn.
2. brei - ten streicht der Vo - gel - zug.
3. lau - schen in die E - wig - keit.
4. fan - gen, steigt im Ost - em - por.

d   a   F   d   g   C   F

und das Schlesierlied »Kehr ich einst zur Heimat wieder«, die alle auch endlos oft von den Soldaten im Zweiten Weltkrieg gesungen worden sind, am allermeisten höchstwahrscheinlich das Lied vom »schönen Westerwald«. »Kehr ich einst zur Heimat wieder« wurde später eine Art Bekenntnislied der Vertriebenen aus Schlesien, andere beliebte Schlesienlieder aus dem 19. Jahrhundert wie »Blaue Berge, grüne Täler« und »O, du schönes Riesengebirge« an Popularität weit überflügelnd. Die vertriebenen Ostpreußen haben den von Erich Hannighofer verfaßten Schlußchor »Land der dunklen Wälder« aus dem 1933 entstandenen »Oratorium der Heimat« des 1900 in Königsberg geborenen und 1968 in Bremerhaven verstorbenen Komponisten Herbert Brust zur Heimathymne gemacht.

Das sozusagen inoffizielle Nationallied der Friesen schließlich erfreut sich seit der Hitlerzeit vielleicht gerade deswegen größter Beliebtheit, weil es nicht wie die damals bestgelittenen Lieder im schneidigen Marschtakt, sondern im Dreivierteltakt gesetzt ist und sich somit auch vorzüglich zum Schunkeln und Walzertanzen eignet. Neben der luxemburgischen ist es außerdem unter den vielen amtlichen und nichtamtlichen Hymnen eine der wenigen, die keinen hochdeutschen Text haben. »Wor de Nordseewellen trecken an den Strand« lautet sie auf plattdeutsch und ist, nach einem von der pommerschen Heimatdichterin Martha Müller-Grählert 1905 in Zingst verfaßten Ostseelied, offenbar um 1933 von einem Schriftsteller namens Fischer-Friesenhausen »für die Nordsee« bearbeitet und mit Genehmigung der Originalautorin unter dem Titel »Friesenlied« vertrieben worden, nachdem sie bereits vorher in verschiedenen Textvarianten von Borkum bis zum Kurischen Haff unautorisiert gesungen worden war. Die Melodie schuf 1908 der 1866 in Eisenach geborene und später in Zürich lebende S. Krannig, der unter anderem auch im Ersten Weltkrieg die Hymne eines R. Seidel mit dem Titel »Helden« komponiert hatte. Seine Schunkelweise ist nicht nur an allen Küsten der Nord- und Ostsee populär geworden. Der in Soltau lebende Fischer-Friesenhausen selbst dichtete auf sie ein Haidjerlied für die Lüneburger Heide, und allein in Schaumburg-Lippe hat es zwischen 1920 und 1945 zur Ostsee-Nordseewellenmelodie sechs verschiedene Texte von Heimatliedern gegeben.

Von Hitler bis heute

Heinrich Hoffmanns Deutschlandlied, offizielle Nationalhymne des Deutschen Reiches seit 1922, hat dann nach der
Gewaltergreifung der Nationalsozialisten im Jahre 1933
einen Appendix in Gestalt des Horst-Wessel-Liedes erhalten, des »Kampfliedes der Bewegung«. Dies geschah nach
dem Muster des faschistischen Italien, wo man 1922 das
Parteilied »La Giovinezza«, in Deutschland seinerzeit
bekannt mit den Spottzeilen

>*»Wird der Nordpol italienisch*
>*und der Mussolini König,*
>*dann bezieht er durch Marconi*
>*drahtlos seine Makkaroni«*

an die bestehende Hymne angehängt hatte.

Der 1907 als Pastorensohn in Bielefeld geborene Berliner Korpsstudent und SA-Führer Horst Wessel, der 1930
bei einem Überfall eines Mädchens wegen tödlich verletzt
und zum nationalsozialistischen Märtyrer gemacht wurde,
hat sein Kampflied »Die Fahne hoch« 1927 nach einer
Melodie gedichtet, deren Herkunft dunkel geblieben ist.
Man hat als Ursprung sowohl ein altes Reservistenlied wie
eine rheinische Fischerweise genannt, einen angeblich bei
den Soldaten im Ersten Weltkrieg beliebten Operetten-
schlager sowohl wie einen Song, den vor 1914 die Matrosen
in Hamburger Freudenhäusern gesungen haben. Und
nach einer Untersuchung von Egon Larsen in »Die Zeitung« vom 8. Mai 1941 ist sie entlehnt einem alten böhmi-
schen Scherzlied mit den Versen

>*»In Tschaslau lebte einst ein Schneider*
>*Das war die Zierde seiner Profession*
>*Er nähte allen Leuten Kleider*
>*Und war katholscher Profession.«*

Alle diese Behauptungen sind jedoch nicht unbedingt
überzeugend. Viel wahrscheinlicher ist, wie nachweislich
bei etlichen anderen Liedern der »Bewegung«, die ziem-
lich direkte Adaption eines sozialistischen Arbeiterliedes.
Ein solches erschien mit dem wörtlichen Titel »Die Fahne
hoch!« als »Lied für das arbeitende Volk von Th. Schna-
bel«, offenbar vor oder kurz nach dem Ersten Weltkrieg
vom Dresdner Musikverlag Josef Günter herausgegeben,
in der Reihe »Arbeiter-Freiheits- und Kampf-Lieder für
Männerchor«. Doch sind allem Anschein nach sämtliche

Exemplare dieser möglicherweise das Herkunftsrätsel
des Horst-Wessel-Liedes klärenden Musikalie heute ver-
schollen.

In Österreich tat es 1934 die Dollfußsche Vaterländische
Front den italienischen Faschisten und den Nazis gleich
und machte das Parteilied »Ihr Jungen schließt die Reihen
gut«, das damals von Hermann Leopoldi verfaßt und
komponiert worden war, zum Anhängsel an die seit 1930
nach der Haydn-Melodie des Deutschlandliedes gesungene Nationalhymne Otto Kernstocks »Sei gesegnet ohne
Ende«. So hatte man, was die Melodie betraf, in Österreich nach dem Anschluß an das Reich 1938 nur die Partei-
hymne auszuwechseln.

Am 22. Oktober 1946 hat dann die erste österreichische
Nachkriegsregierung offiziell die in großdeutscher Zeit in
Verruf geratene Melodie ihres großen Komponisten Jo-
seph Haydn durch die eines anderen ihrer weltberühmten

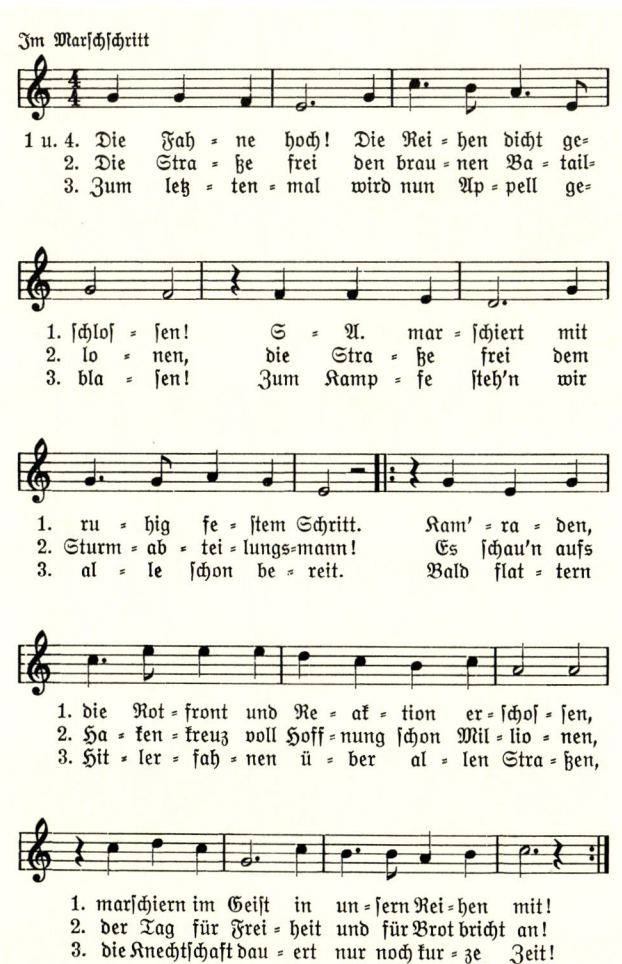

Tonschöpfer ersetzt. Nach Mozarts 1791 kurz vor seinem Tode entstandener Freimaurerkantate, die seit langem mit dem Text »*Brüder reicht die Hand zum Bunde*« bekannt ist, dichtete die 1887 in Wien geborene Paula Preradovič, Vorstandsmitglied des österreichischen Pen-Clubs und Mutter des erfolgreichen Wiener Verlegers Fritz Molden, die Verse »*Land der Berge, Land am Strome*«, die, durch die Prozedur eines öffentlichen Preisausschreibens ausgewählt, zum amtlichen Text der heutigen österreichischen Nationalhymne wurden.

In der seit 1949 etablierten westdeutschen Bundesrepublik hatte deren erster Präsident Theodor Heuss eine ähnliche Absicht. Er ließ von dem Bremer Architekten, Homerübersetzer und Schriftsteller Rudolf Alexander Schröder die Hymne »*Land des Glaubens*« dichten und von dem 1900 in Stuttgart geborenen Hermann Reutter vertonen und versuchte, sie als Nationalhymne einzuführen. Doch blieb er ohne Erfolg gegen die Parlamentsmehrheit des damaligen Bundeskanzlers Adenauer, der die Wiedereinführung der Hoffmann-Hymne, allerdings psy-

1. Auferstanden aus Ruinen und der Zukunft zugewandt, laß uns dir zum Guten dienen, Deutschland einig Vaterland. Alte Not gilt es zu zwingen, und wir zwingen sie vereint, denn es muß uns doch gelingen, daß die Sonne schön wie nie über Deutschland scheint, über Deutschland scheint.

2. Glück und Friede sei beschieden Deutschland, unserm Vaterland. Alle Welt sehnt sich nach Frieden, reicht den Völkern eure Hand. Wenn wir brüderlich uns einen, schlagen wir des Volkes Feind. Laßt das Licht des Friedens scheinen, daß nie eine Mutter mehr ihren Sohn beweint, ihren Sohn beweint.

3. Laßt uns pflügen, laßt uns bauen, lernt und schafft wie nie zuvor, und der eignen Kraft vertrauend steigt ein frei Geschlecht empor. Deutsche Jugend, bestes Streben unsres Volks in dir vereint, wirst du Deutschlands neues Leben, und die Sonne schön wie nie über Deutschland scheint, über Deutschland scheint.

chologisch geschickt erwogen nur mit der »*Einigkeit und Recht und Freiheit*« apostrophierenden letzten Strophe, begünstigte – vermutlich nicht zuletzt aus wahltaktischen Gründen, um politisch frustrierte Nazis und Deutschnationale als Wähler zu mobilisieren. Bei diesen heißt es denn auch sarkastisch bis heute, wenn bei Staatsfeiern oder Fußballspielen lediglich die Musik der Hymne ertönt: »Die Kapelle spielte das Deutschlandlied, aber nur die dritte Strophe«.

Interessant ist, daß sich freimütiger (und historisch klar begründet) ein überzeugter Sozialdemokrat wie der Hamburger Senatspressechef Erich Lüth für eine Rehabilitierung des gesamten Hoffmannschen Textes erklärt hat und daß zum Beispiel auch der von Hitler ausgebürgerte Patriot Thomas Mann in der Emigration die demokratisch-liberale Tradition dieses Liedes öffentlich betont hat. Der Literaturhistoriker Koenig hatte einst nach 1871 über Hoffmann geschrieben: »Um so betrübender ist es, daß auch er auf das unfruchtbare Gebiet der Tendenzpoesie geriet und in seinen ›Unpolitischen Liedern‹ (1840/41) den revolutionären Hetzton anschlug. Infolge derselben seiner Professur in Breslau enthoben, irrte er Jahre lang umher und verzehrte seine Kraft und sein Talent in fruchtlosem Demagogenwesen.«

Dieses Urteil hätte, im Jahre 1933 als Gutachten eines Reichskulturkammerfunktionärs ausgesprochen, dem Deutschlandlied-Verfasser Hoffmann von Fallersleben, wäre er ein Zeitgenosse Thomas Manns gewesen, fraglos ein ähnliches Schicksal beschert wie diesem.

Ein Menschenalter nach Hitler könnte daher eine souveräne Bonner Bundesregierung, in folgerichtiger schwarz-rot-gold-demokratischer Tradition, getrost wieder den ganzen Text des »Deutschland über alles« zur Staatshymne erklären, einschließlich der nach Belieben zu singenden Schlußvariante:

> *»Stoßet an und ruft einstimmig:*
> *Hoch das deutsche Vaterland!«*

Auch im östlichen Restgebiet des Weimarer Reiches entstand, ähnlich wie in Österreich und wie von Theodor Heuss in Bonn beabsichtigt, eine neue Staatshymne. Ihr Text stammt von dem damaligen ersten DDR-Kulturminister und einstigen expressionistischen Lyriker, dem Bayern Johannes R. Becher. Er beginnt »*Auferstanden aus Ruinen*« und wurde vertont von dem unter Hitler nach New York emigrierten und 1948 nach Ostberlin zurückgekehrten Schönberg-Schüler Hanns Eisler. Die ersten Takte gleichen denen eines Hits des Schlagerkomponisten Peter Kreuder aus den dreißiger Jahren mit dem Text: »*Good-bye, Johnny*«. Als Kreuder diesen seinen Evergreen 1976 bei einer Tournee durch die DDR erklingen ließ, erhob sich das irritierte Publikum feierlich von den Sitzen. Derart auf die vermeintliche Verletzung seiner Prioritätsrechte aufmerksam geworden, intervenierte der Komponist zwecks Klärung bei der Urheberrechtskommission der UNO.

Rückschauend läßt sich sonst über die gewiß höchst interessanten persönlich-juristischen und finanziellen Aspekte (mangels verfügbarer Quellen, wie so oft in der Weltgeschichte) bei einer historischen Betrachtung deutscher nationaler Hymnen kaum etwas berichten. Wer alles hat von wem Ideen, Verse, Takte übernommen? Das war früher, als es noch keine einschlägigen Gesetze gab, gar

kein gravierendes, weil gerichtlich nicht zu lösendes Problem. Sonst hätte es, wie im Falle Eisler–Kreuder, gewiß manches zu prozessieren gegeben. Angenommen, der unbekannte Komponist von »*God save the King*« hätte im 19. Jahrhundert gelebt und nach heute gültigen Urheberrechten abgefunden werden müssen, er wäre zweifellos vielfacher Millionär. Was übrigens die voll tantiemeberechtigten Erben von Horst Wessel seinerzeit an »*Die Fahne hoch!*« verdient haben, ist nie bekannt geworden.

Es hat aber übrigens nach dem Zweiten Weltkrieg vorübergehend auch eine (zwar nur sportpolitisch) offizielle gesamtdeutsche Nationalhymne existiert. Solange »Bonn« und »Pankow«, wie man damals sagte, noch gemeinsame Mannschaften zu den Olympischen Spielen schickten, erklang bei deren Einzug in den Arenen Schillers Lied »An die Freude« mit der Musik des Schlußchores aus Beethovens Neunter Symphonie, einer der eindrucksvollsten Melodien, die es auf der Welt gibt. Ihre unverminderte Attraktivität hat sich erst wieder erwiesen, als sie jüngst im schmissigen Arrangement einer amerikanischen Pop-Kapelle monatelang als Plattenbestseller der internationalen Hitparaden rangierte. Nur ist sie eigentlich alles andere als ein Nationallied, sondern im Sinne ihrer beiden Schöpfer eine Hymne der ganzen Menschheit, für die sie hoffnungsvoll eine ideale Zukunft beschwört: Alle Menschen werden Brüder!

Welcher Rang im übrigen einzelnen deutschen Hymnen aus vergleichender ausländischer Sicht zugemessen wird, zeigt der fundierte Artikel über Nationalhymnen in dem wohl international bedeutendsten englischen Musiklexikon von Grove. Dort wird unter anderem festgestellt, daß die großen Meister der Tonkunst dem Komponieren von Nationalhymnen offenbar nie großen Reiz abgewonnen hätten, mit einer einzigen Ausnahme: Joseph Haydn. Er schuf, wie wir uns erinnern, 1797 die Melodie für die von ihm selbst angeregte Kaiserhymne, die mit dem Text von Hoffmanns Deutschlandlied bis heute die berühmteste aller nationalen deutschen Hymnen geblieben ist. Nach Grove gebührt aber auch der »Wacht am Rhein« (worüber man heute in Deutschland eher ein wenig lächeln dürfte) »ein Platz unter den großartigsten patriotischen Liedern der Welt«.

Register der Liedanfänge

Für freundliche Auskünfte, Hergabe von Noten und Bildvorlagen haben Verlag und Verfasser zu danken dem Apollo-Verlag Paul Lincke in Berlin, dem Niedersächsischen Ministerium für Wissenschaft und Kunst sowie der Staatskanzlei des Niedersächsischen Ministerpräsidenten in Hannover, ferner den Damen Oberstaatsarchivrätin Dr. Bull-Reichenimiller vom Hauptstaatsarchiv in Stuttgart, Dr. Antjekatrin Grassmann vom Archiv der Hansestadt Lübeck, Dr. Kammerer, Leiterin der Staatsbibliothek Braunschweig, Ingeborg Kästl von der Photostelle der Bayerischen Staatsbibliothek in München, Archivrätin Kinder vom Bundesarchiv in Koblenz, Staatsarchivrätin Dr. Kuhn-Rehfuß vom Staatsarchiv Sigmaringen, Ingrid Muth von der Ständigen Vertretung der Deutschen Demokratischen Republik in Bonn, Dr. Christa Pieske in Lübeck, Dr. Gisela Probst vom Institut für musikalische Volkskunde in Neuß, Stadtinspektorin Margot Römer vom Kaiser-Wilhelm-Museum in Krefeld, Diplom-Bibliothekarin Renate Schleth von der Öffentlichen Bücherei der Hansestadt Lübeck, Frau Witte von der Musikabteilung der Bayerischen Staatsbibliothek in München, den Herren Regierungsdirektor Baer von der Bayerischen Staatskanzlei in München, W. Baus vom Mechanischen Musikmuseum in Fuldatal, Bernd vom Bayerischen Hauptstaatsarchiv in München, Dr. Oswald Bill von der Musikabteilung der Hessischen Landes- und Hochschulbibliothek in Darmstadt, Dr. Hartmut Braun und Professor Dr. Wilhelm Brednich vom Deutschen Volksliedarchiv in Freiburg i. Br., Professor Dr. Wolfgang Brückner in Würzburg, Munin Brust in Bremerhaven, Eißelt von der Außenstelle des Bundesarchivs in Frankfurt a. M., Espig vom Staatsarchiv der Freien und Hansestadt Hamburg, Ministerialrat Dr. Gerber vom Staatsarchiv Baden-Württemberg in Stuttgart, Rudolf Heymann von der Senatskanzlei der Freien und Hansestadt Hamburg, Viktor Kohn von der Photostelle der Bayerischen Staatsbibliothek in München, Dr. König vom Niedersächsischen Staatsarchiv in Wolfenbüttel, Walter Kranz, Pressechef der Fürstlichen Regierung in Vaduz, Walter Labhardt in Endingen, Aargau, Professor Dr. Klaus Lankheit von der Universität Karlsruhe, Carl Lauterbach in Düsseldorf, Ministerialrat Professor Dr. Helmut Mathy von der Staatskanzlei Rheinland-Pfalz in Mainz, Dr. Winfried Mogge vom Archiv der Deutschen Jugendbewegung auf Burg Ludwigstein, Dr. Müller, Leitender Archivdirektor des Stadtarchivs in Bremen, Dr. Münster, Leiter der Musikabteilung der Bayerischen Staatsbibliothek in München, Nordmann, Leiter des Büros des Ministerpräsidenten von Nordrhein-Westfalen in Düsseldorf, W. Ochs vom Büro des Hessischen Ministerpräsidenten in Wiesbaden, Thomas Roth in München, Dr. Schöningh vom Niedersächsischen Hauptstaatsarchiv in Hannover, Ministerialrat Seizinger von der Bayerischen Staatskanzlei in München, Oberregierungsrat Dr. Selbach vom Kultusministerium Baden-Württemberg in Stuttgart, Amtmann Stapenhorst von der Universitätsbibliothek in Marburg a. d. L., Starzinger vom Kultusministerium in Düsseldorf, Dr. Dieter Suhr vom Deutschen Literaturarchiv in Marbach a. N., Dr. Jürgen Rainer Wolf vom Hessischen Staatsarchiv in Darmstadt und Dr. Zimmer vom Landeshauptarchiv in Koblenz.

Inhalt